cLV

Daniel Bühne

Von Quanten und Konstanten

Wie physikalische Phänomene mir helfen,
Gottes Wahrheit zu verstehen

Daniel Bühne studierte von 1993 bis 1999 an der WWU Münster Physik, Mathematik und Sport. Der verheiratete Vater von drei Söhnen lebt im Hochsauerland und unterrichtet dort an einem Gymnasium. Darüber hinaus engagiert er sich vor allem in der Jugend- und Gemeindearbeit.

Wenn nicht anders vermerkt, sind die Bibelzitate der überarbeiteten Elberfelder Übersetzung 2003, Edition CSV Hückeswagen, entnommen.

Die Bezugnahme auf Veröffentlichungen von Autoren,
die im vorliegenden Werk erwähnt werden oder aus denen zitiert wird,
muss nicht bedeuten, dass deren theologische und sonstige Ansichten
vom Verfasser oder vom herausgebenden Verlag geteilt werden.

2. überarbeitete und erweiterte Auflage 2023

© 2023 by CLV
Christliche Literatur-Verbreitung e.V.
Ravensberger Bleiche 6 · 33649 Bielefeld
Internet: www.clv.de

Satz: EDV- und Typoservice Dörwald, Steinhagen
Illustrationen und Umschlag: Lucian Binder, Marienheide
Druck und Bindung: FINIDR, s.r.o., Český Těšín, Tschechien

Artikel-Nr. 256746
ISBN 978-3-86699-746-2

Widmung

Dieses Buch widme ich meiner lieben Mama.
Ohne das, was sie mir mitgegeben hat,
wäre ich nicht in der Lage gewesen,
dieses Buch zu verfassen.

Inhalt

»Wohl keine Entwicklung der modernen Wissenschaft hat das menschliche Denken nachhaltiger beeinflusst als die Geburt der Quantentheorie. Jäh wurden die Physiker eine Generation vor uns aus jahrhundertealten Denkmustern herausgerissen und fühlten sich zur Auseinandersetzung mit einer neuen Metaphysik aufgerufen. Bis zum heutigen Tag währen die Qualen, die dieser Prozess der Neuorientierung bedeutete. Im Grunde haben die Physiker einen schweren Verlust erlitten: sie verloren ihren Halt in der Realität.«[1]

---

1   Bryce DeWitt und Neill Graham, zitiert in: Nick Herbert, *Quantenrealität. Jenseits der Neuen Physik*, Basel: Birkhäuser Verlag, 1987, S. 31.

Danksagungen

Bei drei Personen möchte ich mich besonders bedanken, da sie maßgeblich am Zustandekommen dieses Buches beteiligt waren.

Zunächst einmal nenne ich Dr. Markus Spieker, der mich immer wieder antrieb, mit dem Schreiben dieses Buches zu beginnen. Des Weiteren danke ich Dir. u. Prof. a. D. Dr.-Ing. Werner Gitt, der das Buch fachlich untersucht und an vielen Stellen konstruktive Anregungen eingebracht hat. Zu guter Letzt ist es Dr.-Ing. William Kaal gelungen, die strukturierte und logische Gedankenführung des Buches zu optimieren.

Vorwort

Ist es uns nicht allen schon so ergangen, dass wir beim Lesen der Bibel auf vermeintlich widersprüchliche Stellen gestoßen sind? In der Tat gibt es gewisse Spannungsfelder in der Bibel, die wir verstandesmäßig nicht auflösen können.

Dieser Problematik nimmt sich der Physiker Daniel Bühne an und kommt zu bemerkenswerten Ergebnissen. Er trifft eine Auswahl von teilweise schwer verständlichen physikalischen Phänomenen, die er didaktisch so aufbereitet, dass auch naturwissenschaftliche Laien einen Zugang dazu finden. Nachdem der Leser mit diesen Erkenntnissen vertraut gemacht worden ist, werden die Fakten in Analogie zu biblischen Aussagen gebracht. Ich greife hier nur zwei der von ihm behandelten Phänomene heraus.

Das Elektron kann sich einerseits als Materieteilchen erweisen, andererseits tritt es mit Welleneigenschaften in Erscheinung. Diese Doppelnatur konfrontiert uns mit einer physikalischen Wirklichkeit, die unserem Verständnis entgegensteht. Solche Phänomene sind Fakt, aber nicht erklärbar – und das gilt genauso bei etlichen sich scheinbar widersprechenden Aussagenpaaren in der Bibel. Bezüglich unserer Errettung lesen wir in der Bibel: »Bewirkt euer eigenes Heil mit Furcht und Zittern; denn Gott ist es, der in euch wirkt sowohl das Wollen als auch das Wirken, zu seinem Wohlgefallen« (Philipper 2,12-13). Sind wir es nun selbst, die wir durch unsere Anstrengung das Heil finden, oder ist es doch Gott, der es bewirkt? Theologische Streitgespräche führen hier zu keiner Lösung, aber die

Analogie zur Physik lässt uns unsere Denkgrenzen erkennen und demütig Gottes Wort in allem akzeptieren.

Ein weiteres physikalisches Phänomen, das uns hilft, biblische Zusammenhänge besser einordnen zu können, ist die heisenbergsche Unschärferelation, die Daniel Bühne in die folgende, leicht verständliche Form fasst: »Die Genauigkeit der einen Größe bedingt notwendigerweise die Ungenauigkeit der Komplementärgröße.« Er zeigt uns in seinem Buch, dass auch Gottes Wort in manchen Passagen eine solche Unschärfe aufweist, die auch durch noch so intensives Bibelstudium nicht zu beseitigen ist. Wie oft sind wir versucht, in biblische Aussagen mehr hineinzulegen, als dort geschrieben steht. Gott hat manche Details nicht so geoffenbart, wie wir es uns gern gewünscht hätten. Wie viele Spaltungen haben Gemeinden erlebt, nur weil manche »mehr wussten«, als die Bibel geoffenbart hat!

Der geneigte Leser fragt sich zu Recht, woran mag es liegen, dass wir bei so vielen physikalischen Phänomenen ihre analoge Entsprechung in der Bibel wiederfinden? So etwas kennt man doch von keinem anderen literarischen Werk. Und die Antwort dürfte nicht überraschen: Es handelt sich in beiden Fällen um denselben Autor – es ist Jesus Christus, der Sohn Gottes! »Durch ihn [= Jesus] hat er [Gott] auch die Welten geschaffen« (Hebräer 1,2; Schlachter 2000) – und damit ist auch alle Physik sein Werk. Bezüglich des Wortes Gottes, das er als Apostel verkündigt, schreibt Paulus in Galater 1,12: »Denn ich habe es weder von einem Menschen empfangen noch erlernt, sondern durch Offenbarung Jesu Christi.«

Dieses Buch halte ich besonders für zwei Personengruppen für sehr lesenswert. Zur ersten Gruppe gehören all jene, die in Jesus Christus bereits ihren Retter gefunden haben. Sie stoßen beim Lesen der

Bibel immer wieder auf Spannungsfelder, die sie nicht auflösen können. Da kommt dieses Buch von D. Bühne gerade recht. Dieselben Phänomene kennt die Physik auch. Da wir Physik stets mit Wahrheit und Wirklichkeit in Verbindung bringen, können wir es mit der Bibel genauso tun. Das stellt uns auf einen festen Untergrund, der nicht wanken kann.

Die zweite Gruppe, für die die Erkenntnisse dieses Buches bedeutsam sind, sind diejenigen Personen, die dem christlichen Glauben noch skeptisch gegenüberstehen. Sie werden überrascht sein, dass physikalische Gesetze und die Aussagen der Bibel viele Gemeinsamkeiten aufweisen. Das dürfte sie dazu anregen, dieses meistverbreitete Buch der Welt zur Hand zu nehmen, darin ausgiebig zu lesen und dann den zu finden, von dem dort ganz zentral die Rede ist: Jesus Christus!

Die Leser dieses sehr empfehlenswerten Buches werden staunend erkennen, dass selbst mithilfe physikalischer Phänomene ein Zugang zur Bibel möglich ist und der Glaube vertieft werden kann.

Werner Gitt

Einführung

»Ich hätte nie gedacht, dass Sie ein so gläubiger Mensch sind.« Solche oder ähnliche Aussagen habe ich in den 20 Jahren, seit denen ich als Mathematik-, Physik- und Sportlehrer an einem Gymnasium unterrichte, immer wieder von den Schülern gehört. Für viele von ihnen war ich zumindest in meinen ersten Berufsjahren ein Sportler. Zu dem Image eines Sportlers passt aus ihrer Sicht der christliche Glaube einfach überhaupt nicht. Noch unverträglicher erscheint ihnen die Gläubigkeit mit meiner naturwissenschaftlichen Ausrichtung. Ein Lehrer, der immer wieder logisches und strukturiertes Denken einfordert, kann doch nicht an das glauben, was die Bibel lehrt!

Tatsächlich wird mein Glaube immer wieder von zum Teil recht massiven Zweifeln erschüttert. Und es kann gut sein, dass der Naturwissenschaftler in mir zum Zweifeln und Hinterfragen neigt. Es ist leider auch oft so, dass diese Zweifel mir den Mut und den Elan rauben, froh meinen Glauben zu bekennen. Deshalb bin ich sehr dankbar dafür, dass das Studium physikalischer Erkenntnisse mir in einigen geistlichen Bereichen Sicherheit gebracht hat. Was Gott in der Natur geschehen lässt, sollte auch im geistlichen Leben möglich sein. Es ist also nicht so, dass ich trotz meines Physikstudiums Christ bin. Vielmehr kann ich sagen, dass das Physikstudium meine Überzeugung von der Glaubwürdigkeit des christlichen Glaubens gefestigt hat.

Teilweise helfen uns auffällige Analogien zwischen der Natur und der Lehre der Bibel, biblische Aussagen besser zu verstehen und zu glauben. In anderen Fällen können die Naturphänomene uns vielleicht helfen, mit Spannungsfeldern der Bibel besser umzugehen und

Aussagen, die sich für uns zu widersprechen scheinen, besser nebeneinander stehen zu lassen.

Fast scheint es mir in einigen Bereichen so, als habe Gott absichtlich Gesetze in seine Schöpfung eingebaut, um uns Menschen zu helfen, geistliche Wahrheiten annehmen zu können. An anderen Stellen wirkt es so, als habe Gott mit Humor unergründliche Geheimnisse in die Natur integriert, um uns Menschen zu zeigen, dass wir bei unserem Streben nach Perfektion und Allwissenheit gewisse Grenzen nie werden sprengen können.

Was mein Anliegen in diesem Buch sein soll, ist, eine Brücke zwischen physikalischen Naturphänomenen und zentralen geistlichen Bibelthemen zu schlagen.

Mir ist bewusst, dass die großen Themen und Spannungsfelder innerhalb der Bibel schon seit Jahrhunderten hinreichend ausgelegt bzw. diskutiert worden sind. Kapazitäten, die sich besser in der Bibel auskennen als ich, haben ihr gewichtiges Wort hierzu abgegeben.

Wenn also in diesem Buch Themen wie »Auserwählung oder freie Entscheidung des Menschen«, »Absolute oder relative Wahrheit«, »Können wir Gottes Wirken und seinen Willen erkennen?« behandelt werden, erhebt das Buch keinen Anspruch, zu diesen Themen neue Erkenntnisse oder bessere Erklärungen als die bereits vorliegenden zu liefern.

Was ich beabsichtige, ist, die teilweise verblüffenden Parallelen zwischen diesen recht kontrovers diskutierten Themen und Phänomenen aus der Physik aufzuzeigen. Und vielleicht wird die Lektüre dem einen oder anderen Leser helfen, innerlich ruhig über manche Spannungsfelder der Bibel zu werden. Wenn außerdem ein wenig Interesse und Faszination für eher unbekannte physikalische Naturphänomene geweckt würde, wäre das ein schöner Nebeneffekt.

Die Kapitel des Buches sind jeweils folgendermaßen aufgebaut: Zum einen wird ein physikalisches Themengebiet so einfach vorgestellt, dass auch ein neugieriger Leser ohne größere mathematische und physikalische Begabungen und Vorkenntnisse es verstehen kann. Zum anderen wird dann jeweils versucht, eine Brücke zu einer Kernaussage der Bibel zu schlagen.

Das Buch ist keinesfalls eine abgeschlossene Abhandlung. Sicherlich gibt es noch viel mehr inspirierende Analogien zwischen den Naturgesetzen und biblischen Wahrheiten. Vielleicht bekommt ja der eine oder andere Leser Lust, sich weiterhin mit dieser Thematik zu beschäftigen.

Es ist derselbe Gott, der die Regeln der Natur aufgestellt und den Weg zum ewigen Leben ersonnen hat. Von daher sollte es nicht überraschen, dass viele Dinge übereinzustimmen scheinen. Der Gott, der immer derselbe bleiben wird, hat sich in der Natur und in seinem Wort geoffenbart. Diese Offenbarungen passen zueinander und ergänzen sich wunderbar.

Theodor Hänsch vom Max-Planck-Institut für Quantenoptik in Garching äußerte einmal: »Wir verstehen nicht, warum unsere Erklärungen funktionieren, und hoffen auf eine tiefere Erklärung.«[2] Als Christ ist für mich die tiefere Erklärung, dass ein allmächtiger Gott die Gesetzmäßigkeiten, die wir mathematisch zu beschreiben versuchen, in die Natur hineingelegt hat.

Das Studium dieser Gesetzmäßigkeiten und Phänomene kann uns auch im geistlichen Leben helfen; das ist die Grundthese dieses Buches.

---

2 https://www.wissenschaft.de/allgemein/die-verdammte-quantenspringerei (abgerufen am 3.5.2021).

»Alles hat er schön gemacht zu seiner Zeit; auch hat er die Ewigkeit in ihr Herz gelegt, ohne dass der Mensch das Werk, das Gott gewirkt hat, von Anfang bis Ende zu erfassen vermag. Ich habe erkannt, dass es nichts Besseres unter ihnen gibt, als sich zu freuen und sich in seinem Leben gütlich zu tun; und auch, dass er isst und trinkt und Gutes sieht bei all seiner Mühe, ist für jeden Menschen eine Gabe Gottes.

Ich habe erkannt, dass alles, was Gott tut, für ewig sein wird: Es ist ihm nichts hinzuzufügen und nichts davon wegzunehmen; und Gott hat es so gemacht, damit man sich vor ihm fürchte« (Prediger 3,11-14).

Diese Verse des weisen Königs Salomo belegen, dass die Bibel von der Richtigkeit meiner These ausgeht. Die Art, wie Gott die Natur erschaffen hat, soll unsere Gottesfurcht vermehren.

Wenn dieses Buch diesem Anliegen zuträglich ist, hat es seinen Sinn schon voll erfüllt.

Hinweis zum Aufbau des Buches

Die eingerahmten Abschnitte sind immer die Ausführungen zu den physikalischen Inhalten. Sie sind meiner Einschätzung nach recht unterschiedlich leicht zu verstehen. Außerdem sind sie nicht immer wichtig für das Verständnis der nachfolgenden Inhalte. Der Leser kann diesbezüglich selbst entscheiden, ob er den einen oder anderen Kasten lieber intensiv studieren, überfliegen oder gar auslassen möchte.

1
Ganz oder gar nicht –
Das Grundprinzip der Quantenphysik

Die Welt der kleinsten Teilchen, um die es in diesem Buch in erster Linie gehen soll, funktioniert ganz anders, als wir es aus dem Alltag gewohnt sind.

Wir gehen selbstverständlich davon aus, dass Zustände harmonisch ineinander übergehen. Ein kleiner Baum, der jetzt 1,20 m hoch ist, wird in ein paar Jahren vielleicht 3,50 m hoch sein. Dies bedeutet aber automatisch, dass er in der Zeit bis dahin alle möglichen Zwischengrößen durchläuft. Jede mögliche Höhe zwischen 1,20 m und 3,50 m wird er zwischendurch einmal haben, anders geht es nicht.

Und wenn es gestern 15,3 °C warm gewesen ist, heute jedoch nur noch 12,7 °C gemessen werden, so ist jedem logisch denkenden Menschen klar, dass die Temperatur beim Sinken bis zu 12,7 °C alle möglichen Zwischentemperaturen mindestens einmal durchlaufen haben muss.

Bei den Quantenteilchen ist genau dies nicht der Fall. Elektronen, Protonen, Photonen etc. können nur spezielle, festgelegte Zustände einnehmen, die nicht harmonisch ineinander übergehen. Statt harmonisch von einem Energieniveau in ein anderes überzugehen, kann etwa das Elektron in der Atomhülle des Wasserstoffatoms nur Quantensprünge zwischen verschiedenen Energieniveaus machen. Beispielsweise könnte ein Elektron von einem Energieniveau der Energie -3,4 eV auf ein Energieniveau von -13,6 eV springen. Zwischen diesen beiden Niveaus existiert jedoch kein mögliches Energieniveau, das das Elektron einnehmen könnte.

Dieses Prinzip der gequantelten Zustände durchzieht die komplette Welt der kleinsten Teilchen. Schaut man sich beispielsweise die Ladungen von Atomen an, finden wir dasselbe Phänomen. Nicht jede elektrische Ladung ist möglich, sondern nur Vielfache der Elementarladung $e = 1,602 \cdot 10^{-19}$ C.[3] Ein Atom kann also niemals eine elektrische Ladung von $2 \cdot 10^{-19}$ C besitzen. Diese Ladung ist unmöglich! Die kleinstmögliche Ladung ist $1,602 \cdot 10^{-19}$ C, der nächstmögliche Wert dann $3,204 \cdot 10^{-19}$ C – eben das Doppelte von $1,602 \cdot 10^{-19}$ C.

Warum kann das Elektron im Wasserstoffatom keine Energieniveaus zwischen den beiden oben genannten Werten einnehmen? Warum an allen Ecken diese diskreten Werte, die die kleinsten Teilchen annehmen können, dazwischen jedoch nichts? Wieso keine harmonischen Übergänge, sondern nur Quantensprünge?

»Die Quantenmechanik ist sehr Achtung gebietend. Aber eine innere Stimme sagt mir, dass das noch nicht der wahre Jakob ist. Die Theorie liefert viel, aber dem Geheimnis des Alten bringt sie uns kaum näher. Jedenfalls bin ich überzeugt, dass der nicht würfelt.«[4] So äußerte Einstein in einem Diskurs mit anderen führenden Quantenphysikern. Niels Bohr (erhielt 1922 für seine Arbeiten am Atommodell den Nobelpreis) erwiderte: »Es kann doch nicht unsere Aufgabe sein, Gott vorzuschreiben, wie er die Welt regieren soll.«[5]

---

3   C steht für Coulomb. Ein Coulomb ist definiert als die elektrische Ladung, die innerhalb einer Sekunde durch den Querschnitt eines Leiters transportiert wird, in dem ein elektrischer Strom der Stärke von einem Ampere fließt.
4   Einstein in einem auf den 4. Dezember 1926 datierten Brief an Max Born. Siehe https://www.aphorismen.de/zitat/115581 (abgerufen am 3. 5. 2021).
5   S. M. Markus, *Der Gott der Physiker*, Basel: Birkhäuser, 1986, S. 327.

Niels Bohr (1885 – 1962), der große dänische Physiker, der für seine Verdienste rund um die Erforschung der Struktur der Atome 1922 den Nobelpreis erhielt.

Es ist und bleibt ein Rätsel. Wir als Christen glauben, dass sich ein genialer Designer all die mysteriösen Zusammenhänge ausgedacht hat.

Und Bohrs Antwort trifft schon ziemlich genau die Haltung, die auch Paulus einnimmt, wenn er schreibt: »Wer bist du denn, o Mensch, der du das Wort nimmst gegen Gott? Wird etwa das Geformte zu dem, der es geformt hat, sagen: Warum hast du mich so gemacht?« (Römer 9,20).

In der Glaubensrealität ist es nicht anders als in der Quantenphysik. Wohl möglich, dass es uns nicht gefällt, wenn die Bibel sagt: »Und es ist in keinem anderen das Heil, denn es ist auch kein anderer Name unter dem Himmel, der unter den Menschen gegeben ist, in dem wir errettet werden müssen« (Apostelgeschichte 4,12).

Aber wenn die Bibel wirklich das sein sollte, was sie beansprucht – die geoffenbarte Wahrheit Gottes –, dann müssen wir auch oder erst recht auf diesem Gebiet das akzeptieren, was unser Schöpfer und Erlöser sich als Weg zum Heil für uns Menschen ausgedacht hat.

Genau wie in der Quantenphysik gibt es auch hier keine Zwischen-
zustände, es gilt ganz klar: alles oder nichts. In Gottes Wort heißt es
dazu: »Wer den Sohn hat, hat das Leben; wer den Sohn Gottes nicht
hat, hat das Leben nicht« (1. Johannes 5,12).

»Wer nicht mit mir ist, ist gegen mich«, sagt Jesus an anderer Stelle
(Matthäus 12,30). Ein Mittelding ist hier kategorisch ausgeschlossen,
es gibt keine 50 %-Christen. Entweder wir glauben, dass Jesus unser
Retter und Herr ist, und sind bereit, ihm nachzufolgen, oder wir gehören zu seinen Feinden. Neutralität ist an dieser Stelle kein mög-
licher Zustand …

2
Alles relativ?! –
Was die spezielle Relativitätstheorie uns lehrt

»Manche Männer bemühen sich lebenslang, das Wesen einer Frau zu verstehen. Andere befassen sich mit weniger schwierigen Dingen, wie z. B. der Relativitätstheorie.«[6]

Albert Einstein

Kaum eine Theorie hat das bisherige Denken derart auf den Kopf gestellt wie die spezielle Relativitätstheorie. Grundsätze, die bis dahin als unantastbar galten, wurden mit der 1905 von Einstein veröffentlichten Theorie mit einem Schlag über den Haufen geworfen. Unglaublich erscheinende Gedankenexperimente wie das im Folgenden zitierte resultierten aus der neuen Erkenntnis:

Wenn wir z. B. einen lebenden Organismus in eine Schachtel hineinbrächten und ihn dieselbe Hin- und Herbewegung ausführen ließen wie vorher die Uhr[7], so könnte man es erreichen, dass dieser Organismus nach einem beliebig langen Fluge beliebig wenig geändert wieder an seinen ursprünglichen Ort zurückkehrt, während ganz entsprechend beschaffene Organismen, welche an den ursprünglichen Orten ruhend geblieben sind, bereits längst neuen Generationen Platz gemacht haben. Für den bewegten Organismus

---

6 https://www.zitate.eu/autor/albert-einstein-zitate/281790 (abgerufen am 3. 5. 2021).
7 A. d. A.: Diese wird annähernd mit Lichtgeschwindigkeit bewegt.

war die lange Zeit der Reise nur ein Augenblick, falls die Bewegung annähernd mit Lichtgeschwindigkeit erfolgte! Dies ist eine unabweisbare Konsequenz der von uns zugrunde gelegten Prinzipien, die die Erfahrung uns aufdrängt.[8]

In einer abgewandelten Version dieses Gedankenexperiments, das in diesem Zusammenhang sehr häufig als Veranschaulichung genutzt wird, bedeutet das: Geht einer von zwei Zwillingen auf eine »Raumfahrt«, so ist er nach seiner Rückkehr zur Erde jünger als sein zu Hause gebliebener Zwillingsbruder.

So absurd es erscheinen mag: Ein mit großer Geschwindigkeit bewegter Mensch altert relativ zu einem nicht bewegten Menschen langsamer.

Albert Einstein (1879 – 1955) stellte die allgemeine und spezielle Relativitätstheorie auf. Den Nobelpreis bekam er allerdings 1921 für seine Erkenntnisse rund um die Lichtquanten.

---

8   Albert Einstein, *Die Relativitäts-Theorie*, In: Vierteljahrsschrift der Naturforschenden Gesellschaft in Zürich, 56. Jahrgang, 1911, S. 12.

Abbildung 1

Oder anders ausgedrückt: Eine Uhr, die sich relativ zu einem Beobachter schnell bewegt, geht für diesen Beobachter langsamer.

Was für den kritischen Leser wie eine unglaubliche Hypothese anmutet, ist in zahlreichen Experimenten belegt worden. Eines dieser Experimente wird nun präsentiert. Danach werden einige der Grundlagen der speziellen Relativitätstheorie erläutert.

Dass die Theorie sonst nicht zu erklärende Phänomene verstehbar macht, soll vorab am Beispiel des Myons, eines der Elementarteilchen, veranschaulicht werden:[9]

---

9   A. d. H.: In Bezug auf die mit Anführungszeichen gekennzeichneten Textteile vgl. https://de.wikipedia.org/wiki/Myon (abgerufen am 3. 5. 2021).

»Das Myon … ist ein Elementarteilchen, das in vielen Eigenschaften dem Elektron ähnelt. Wie das Elektron besitzt es eine negative Elementarladung und einen Spin von $^1/_2$.« Das Myon hat aber eine etwa 207-mal größere Masse als das Elektron.

»Myonen wurden 1936 von Carl D. Anderson und Seth Neddermeyer bei der Untersuchung von kosmischer Strahlung entdeckt.« Myonen entstehen in einer Höhe von etwa 10 km über der Erdoberfläche durch Wechselwirkung der kosmischen Strahlung mit Atomkernen der Atmosphäre. Die Myonen bewegen sich dabei mit einer Geschwindigkeit von 99,95 % der Lichtgeschwindigkeit in Richtung Erdoberfläche, zerfallen aber nach kurzer Zeit in ein Myon-Neutrino, ein Anti-Elektronneutrino und ein Elektron.

Die soeben erwähnten Zerfallsprodukte sind an dieser Stelle nicht weiter von Bedeutung; wichtig ist nur die Tatsache, dass ein Myon instabil ist, also schon nach kürzester Zeit wieder zerfällt.

Myonen kann man auch künstlich im Labor herstellen. Dort misst man eine mittlere Lebensdauer von ca. $t = 2,2\,\mu s$ (das sind nur 0,0000022 s). Wir kennen also die Geschwindigkeit, mit der das Myon – startend aus einer Höhe von ca. 10 km – auf die Erdoberfläche zurast, und die durchschnittliche Lebensdauer.

Klassisch kann man demzufolge mit der Formel

$$Strecke = Geschwindigkeit \cdot Zeit$$

sofort ausrechnen, dass solch ein Myon im Schnitt nur 660 m weit kommen dürfte und dann zerfallen müsste. Es ist also nach den klassischen Gesetzen unmöglich, dass solch ein Myon die 10 km bis zur Erde überlebt.

Tatsächlich können die aus der Atmosphäre kommenden Myonen jedoch auf der Erdoberfläche nachgewiesen werden. Dieses Ergebnis steht scheinbar im Widerspruch zu den gerade angestellten Überlegungen. Wie kann es sein, dass Teilchen, die nur etwa 0,0000022 s überleben und somit nur ca. 660 m zurücklegen können, den etwa 10 km langen Weg zur Erde überstehen?

Im Bezugssystem des Myons, das sich Richtung Erde bewegt, ruht das Myon und hat die oben angegebene Lebensdauer von $t = 2,2$ µs, die wir ja auch bei den hier auf der Erde künstlich im Labor hergestellten Myonen nachmessen können. Für einen Beobachter auf der Erde jedoch bewegt sich das Myon mit sehr hoher Geschwindigkeit auf die Erde zu. Nun wurde ja bereits eingangs erläutert, dass einem wichtigen Ergebnis der speziellen Relativitätstheorie zufolge die Zeit, die der Beobachter auf der Erde für einen Vorgang im Bezugssystem des Myons misst, länger ist als die Zeit, die ein Beobachter im System des Myons für den gleichen Vorgang messen würde. Rechnet man mit den von Einstein hergeleiteten Formeln aus, welche Zeit also für einen Beobachter auf der Erde vergehen würde, während im System des Myons seine Lebensdauer von 2,2 µs abläuft, so ergibt sich eine etwa 50-mal so große Zeit.

Ganz einfach formuliert sagt Einsteins Theorie also Folgendes: Während für das System, in dem das Myon ruht, 2,2 µs vergehen, werden hier auf der Erde etwa 50 · 2,2 µs gemessen. In dieser Zeit kann das Myon 33 km zurücklegen, sodass auf einmal erklärbar wird, warum das Myon die 10 km bis zu uns auf der Erdoberfläche »überlebt«, sodass wir es nachweisen können.

Ohne Einsteins Erklärung könnte man das Ankommen der Myonen auf der Erde unmöglich logisch erklären!

Die zu beobachtenden Phänomene entsprechen also genau dem, was die Relativitätstheorie berechnet: Die Lebensdauer des Myons hängt von dem Bezugssystem ab, aus dem man es beobachtet.

Es würde den Rahmen dieses Buches sprengen, die komplette spezielle Relativitätstheorie darzustellen. Damit der wissenschaftsinteressierte Leser aber das Gedankenprinzip, dem die ganze Theorie zugrunde liegt, nachvollziehen kann, soll im Folgenden die Relativität von Gleichzeitigkeit und Zeit erklärt werden.

Relativität der Gleichzeitigkeit

Zwei Ereignisse, die in einem Bezugssystem gleichzeitig stattfinden, finden in einem dazu bewegten Bezugssystem nicht gleichzeitig statt.

Es ist auch für Laien relativ einfach, diesen Sachverhalt zu verstehen. Stellen wir uns einen Bahndamm vor, an dem sich zwei Punkte A und B befinden (siehe Abbildung 2). Genau in der Mitte zwischen diesen beiden Punkten sitzt in einem wartenden Zug ein Beobachter, wir nennen ihn Person X. Sendet man nun von A und B gleichzeitig jeweils einen Lichtblitz aus, werden beide Blitze natürlich aufgrund der gleichen Entfernung kurze Zeit später gleichzeitig bei Person X eintreffen.

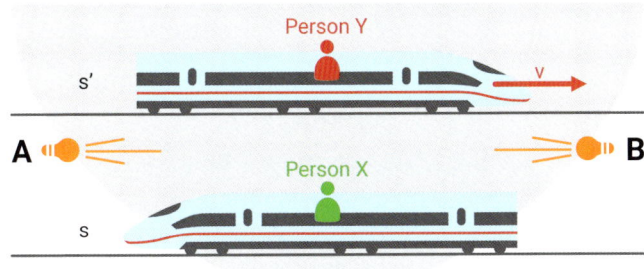

Abbildung 2

Wenn wir uns aber nun einen Zug vorstellen, in dem Person Y sitzt und der mit hoher Geschwindigkeit *v* so am Bahndamm entlangrast, dass er zum Zeitpunkt des Aussendens der Lichtblitze genau auf einer Höhe mit Person X ist (siehe Abbildung 2), so beobachtet Person X vom Bahndamm aus, dass die Lichtblitze Person Y nicht zeitgleich erreichen. Bei Person Y wird nämlich der Lichtblitz von B merklich früher eintreffen als der von A. Dies liegt daran, dass der Zug ja in der Zeit, in dem die Lichtblitze sich ausbreiten, dem Lichtblitz von B entgegenfährt, während man sich vom Lichtblitz aus A entfernt. Da also der von B ausgehende Lichtblitz eine kürzere Strecke bis zu Person Y zurücklegen muss als der Lichtstrahl von A, werden bei Person Y die Lichtstrahlen nacheinander und nicht gleichzeitig eintreffen.

Abbildung 3 zeigt es ganz eindeutig: Bei Person X werden die Strahlen von A und B in Kürze gleichzeitig eintreffen. Dagegen ist bei Person Y der Strahl B bereits angekommen, während der Strahl A noch unterwegs ist.

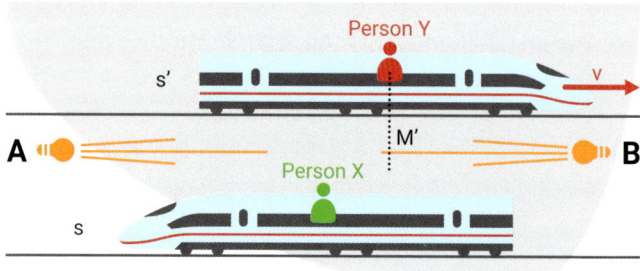

Abbildung 3

Das Ereignis, das also für Person X in der Mitte des am Bahnsteig stehenden Zuges gleichzeitig stattfand, findet für Person Y im schnell vorbeirasenden Zug nicht gleichzeitig statt. Bei ihr kommt der Lichtstrahl von B eher an als der von A.

Das bedeutet: Es gibt keine universelle Gleichzeitigkeit. Das, was für Person X gleichzeitig abläuft, registriert der dazu bewegte Beobachter (Person Y) nicht gleichzeitig.

Und beide Beobachter haben aus ihrer Beobachterposition heraus recht mit ihrem Urteil.

Falls der interessierte Leser auch noch etwas über die Relativität der Zeit erfahren möchte, kann er den nachfolgenden Abschnitt in Angriff nehmen.

Relativität der Zeit – Bewegte Uhren gehen für einen Beobachter im ruhenden System langsamer

Zunächst einmal müssen wir die Lichtuhren erklären, die Einstein in seinen Gedankenexperimenten benutzte: Unter einer Lichtuhr versteht man eine Anordnung zweier gegenüberstehender Spiegel, zwischen denen ein Lichtstrahl hin und her reflektiert wird:

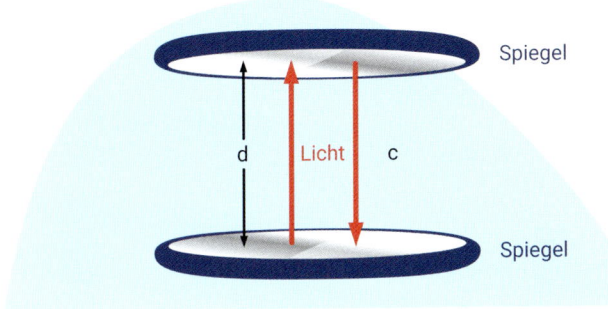

Abbildung 4

Das Licht kann sich nur mit der Lichtgeschwindigkeit c bewegen. Die Laufzeit des Lichts ist damit ein Maß für die Zeitdauer. Durch den Abstand d zwischen den Spiegeln ist die Zeit, die das Licht für den Weg von einem Spiegel zum anderen benötigt, festgelegt mit $t = \frac{d}{c}$.

Für Hin- und Rückweg beträgt die Laufzeit entsprechend $t = \frac{2d}{c}$. Beträgt der Abstand zwischen den beiden Spiegeln beispielsweise 30 cm, so beträgt die Laufzeit des Lichts bis zum anderen Spiegel und zurück also $t = \frac{0{,}6\,\text{m}}{300\,000\,000\,\text{m/s}} = 2\,\text{ns}$.

Nach dieser Klärung können wir mit dem Gedankenexperiment beginnen:

In der Abbildung 5 sieht man zwei synchronisierte Lichtuhren A und B, die sich in einem ruhenden System S befinden. In jeder Uhr wird ein Lichtsignal nach unten ausgesandt, unten wird es an einem Spiegel reflektiert, bevor es nach 2 ns wieder zum Punkt A (im Fall der

Lichtuhr A) zurückgelangt. Wenn also das Lichtsignal wieder bei A eintrifft, weiß man, dass genau 2 ns vergangen sind.

Nun geschieht das Entscheidende: Eine dritte Lichtuhr C rast mit großer Geschwindigkeit an den Uhren A und B vorbei. Genau zu dem Zeitpunkt, zu dem sich die Lichtuhr C an A vorbeibewegt, werden die Uhren A und B gestartet. Gestoppt wird die Zeit, die vergeht, während die Lichtuhr C an B vorbeifährt.

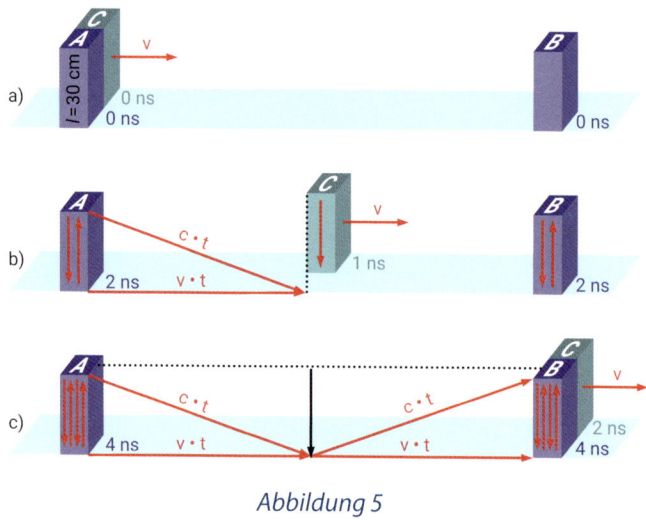

Abbildung 5

Unten ist skizziert, was zu beobachten ist: Hat C die Hälfte der Strecke zurückgelegt (Bild b), ist das Licht in den Uhren A und B einmal hin- und zurückgelaufen, es sind also 2 ns vergangen. (Die Geschwindigkeit der Uhr C ist so gewählt, dass C in dieser Zeit gerade die halbe Strecke zurückgelegt hat.) Damit ist klar, dass – wie in c) zu sehen – 4 ns in den Stoppuhren A und B vergangen sind, wenn die Uhr C an B vorbeirast.

Jetzt kommen wir zum verblüffenden Kern des Experiments: Betrachtet man nun aus dem ruhenden System S die sich bewegende Atomuhr C, so stellt man fest, dass in derselben Zeit, in der in den

Uhren A und B 4 ns abgelaufen sind, in der Atomuhr C nur die Hälfte der Zeit vergangen ist. Das Licht ist nur einmal zum Spiegel und danach zurück zum Punkt C gelaufen, da das Licht schräg verlaufen muss, um am Ende wieder am Punkt C eintreffen zu können. Es hat also einen viel größeren Weg zurückzulegen und schafft also in derselben Zeit, in der das Licht in den Uhren A und B zweimal hin- und zurückgelaufen ist, nur einen Weg zum Spiegel und zurück zu C.

Das bedeutet: Im System S, in dem sich die Uhren A und B befinden, wird eine andere Zeit gemessen als im dazu bewegten System, in dem sich die Uhr C befindet.

Während also in den Uhren A und B genau 4 ns verflossen sind, ist in der bewegten Uhr C nur eine Zeitspanne von 2 ns verstrichen. Dies alles betrachtet von einem Beobachter, der die ganze Situation aus dem ruhenden System verfolgt, in dem die Uhren A und B stehen.

Die Schlussfolgerung ist unausweichlich: Zeit ist relativ – eine Uhr, die sich relativ zu einem Beobachter schnell bewegt, geht für diesen Beobachter langsamer.

Verfolgt man die von Albert Einstein entwickelte Theorie (für die er übrigens keinen Nobelpreis erhielt!) weiter, ergeben sich noch viel weitreichendere Konsequenzen:

- Körper, die sich relativ zu einem Beobachter schnell bewegen, erscheinen für diesen in Bewegungsrichtung verkürzt.
- Die Masse eines Körpers oder Teilchens nimmt mit seiner Geschwindigkeit zu.

Schon seit Jahren habe ich immer wieder Gelegenheit, Schülerinnen und Schülern der Oberstufe diese Theorie zu erklären. Die Reaktion ist immer dieselbe. Zum einen widerstrebt es dem gesunden Menschenverstand der Heranwachsenden, diese Theorie zu akzeptieren. Sie wollen es einfach nicht wahrhaben, dass z. B. beim oben erwähnten Zwillingsparadoxon die zwei Brüder sich wiedertreffen und der eine mehr gealtert ist als der andere. Sie haben sich zum gleichen Zeitpunkt verabschiedet und treffen sich später wieder – wie kann dann für den einen mehr Zeit vergangen sein als für den anderen? Zum anderen stellt sich automatisch die Frage, was denn überhaupt noch verlässlich und sicher ist, wenn doch alles relativ zu sein scheint. Bestätigt diese Theorie nicht den Konstruktivismus[10], der behauptet, dass es keine absolute Wahrheit gibt? Bestärken Einsteins Erkenntnisse nicht diejenigen, die behaupten, dass jeder seine eigene Wahrheit kreieren kann und dass jede Wahrheit gleich gut ist? Muss man nicht einen Glauben belächeln, der Aussagen wie in Johannes 14,6 (»Jesus spricht zu ihm: Ich bin der Weg und die Wahrheit und das Leben. Niemand kommt zum Vater als nur durch mich.«) zulässt?

Die Bibel beansprucht, die alleinige und absolute Wahrheit Gottes zu beinhalten. Sie lässt es nicht zu, als eine von vielen möglichen Wahrheiten wertgeschätzt zu werden. Kann ein moderner und die Vernunft nicht ignorierender Mensch des 21. Jahrhunderts wirklich noch an die Botschaft der Bibel glauben?

Gerade die Erkenntnisse der speziellen Relativitätstheorie können dem zweifelnden Grübler helfen, an die Existenz einer absoluten, von

---

10 A. d. H.: Richtung in der Erkenntnis- und Wissenschaftstheorie, deren radikale Ausprägung die menschliche Fähigkeit bestreitet, objektive Realität zu erkennen.

Gott geoffenbarten Wahrheit zu glauben! Denn das entscheidende Grundprinzip der oben skizzierten Theorie ist bisher nicht genannt worden:

In unterschiedlich bewegten Systemen wird stets der gleiche Wert für die Lichtgeschwindigkeit gemessen.

Das ist ein Hammer. Während alles relativ zu sein scheint, gibt es in der Natur eine Konstante, die unabhängig von Bezugssystemen und Beobachterpositionen immer denselben Wert behält: die Lichtgeschwindigkeit.

Das Licht verhält sich also völlig anders als alles andere, was wir kennen. Wenn ein im Zug sitzender Beobachter A die Frau im Zug beobachtet, wird er zu der Erkenntnis kommen, dass sie sich mit 3 km/h auf ihn zubewegt. Der Beobachter B außerhalb des Zuges wird denselben Vorgang so beobachten, dass dieselbe Frau sich mit 63 km/h nach links bewegt, denn zu ihrer Geschwindigkeit kommen noch die 60 km/h des nach links fahrenden Zuges hinzu. Deshalb wäre es auch tödlich für die Frau, mit dieser Gehgeschwindigkeit aus einer offenen Tür des Zuges zu springen.

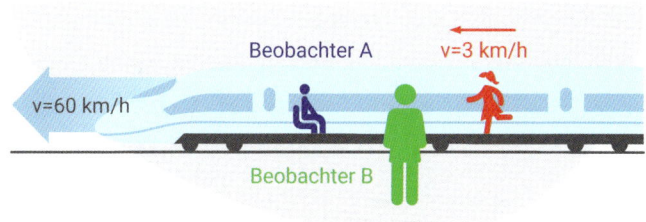

Abbildung 6

Anders ist es aber mit dem Licht: Sowohl der Beobachter A im Zug als auch Beobachter B würden im nachfolgenden Bild (Abbildung 7) denselben Wert $c = 299\,792$ km/s für die Lichtgeschwindigkeit messen. Würde sich das Licht wie alles andere verhalten, müsste der Beobachter B, der die Situation außerhalb des Zuges stehend beobachtet, für die Lichtgeschwindigkeit messen:

$$v = 299\,792 \text{ km/s} + 60 \text{ km/h}$$

Er misst aber erstaunlicherweise wie Beobachter A im Zug genau $c = 299\,792$ km/s.

Die Geschwindigkeit des Lichts ist unabhängig vom Bezugssystem.[11]

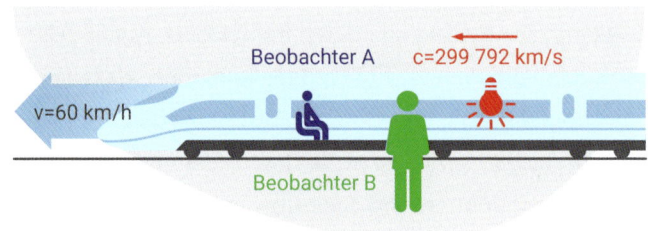

Abbildung 7

Einstein formulierte in Bezug auf die Konstanz der Lichtgeschwindigkeit im zweiten Postulat der speziellen Relativitätstheorie folgendermaßen: »Wir wollen diese Vermutung (deren Inhalt im Folgenden ›Prinzip der Relativität‹ genannt wird) zur Voraussetzung erheben

---

11 Übrigens: Der Wert der Lichtgeschwindigkeit wurde ein für alle Mal auf die ganze Zahl $c = 299\,792\,458$ m/s festgelegt, selbst wenn bessere Messungen theoretisch noch eine Korrektur des Wertes nötig werden lassen könnten. Da heute das Meter über die Lichtgeschwindigkeit definiert ist (das Urmeter im Louvre ist also nicht mehr »Maß aller Dinge«), würde eine Änderung des Wertes für die Lichtgeschwindigkeit zwangsläufig auch eine Änderung des Meters bedeuten. Da man dies vermeiden möchte, wird an dem Wert $c = 299\,792\,458$ m/s nicht mehr gerüttelt.

und außerdem die mit ihm nur scheinbar unverträgliche Voraussetzung einführen, dass sich das Licht im leeren Raum stets mit einer bestimmten, vom Bewegungszustand des emittierenden Körpers unabhängigen Geschwindigkeit v fortpflanze.«[12]

Es ist also in der Natur ganz eindeutig: Während fast alles vom Bezugssystem abhängt, gibt es eine alles überragende Konstante, auf deren Konstanz die ganze Theorie beruht – die Lichtgeschwindigkeit.

Von daher kann es kein Zufall sein, dass Jesus genau dieses Phänomen als Bild für sich selbst benutzt: »Ich bin das Licht der Welt; wer mir nachfolgt, wird nicht in der Finsternis wandeln, sondern wird das Licht des Lebens haben« (Johannes 8,12).

Wenn es in der Natur so ist, dass es eine absolute Konstante gibt, an der es nichts zu rütteln gibt, dann kann diese Erkenntnis dem Zweifler bei folgender Überlegung helfen: Der Gott, der das Universum ins Dasein rief (»Es werde Licht!«[13]), hat auch im geistlichen Universum eine Konstante gesetzt, die unverrückbar zu finden ist in Jesus, dem Sohn Gottes, der absoluten Wahrheit und dem einzigen Weg zu Gott.

Während viele moderne Menschen meinen, das Resümee der speziellen Relativitätstheorie sei, dass alles relativ ist und somit jeder glauben könne, was er will, sieht es in Wirklichkeit ganz anders aus: Die Erkenntnisse Einsteins halten an absoluten Größen fest, die Lichtgeschwindigkeit ist über alle Relativität erhaben. Es ist also sehr vernünftig, dass Christen auch an die Existenz einer absoluten Größe glauben, die zu finden ist in dem Erschaffer des Lichts, Jesus Christus.

Übrigens zieht sich die Existenz universell gültiger Naturkonstanten durch die gesamte Physik. Überall trifft man auf fixe

---

12 *Duden Physik*, Berlin 2011, S. 517. A.d.H.: Hervorhebung durch den Autor hinzugefügt.
13 A.d.H.: Vgl. 1. Mose 1,3.

Werte, die das Geschehen in der Natur beschreiben. So bestimmt die Gravitationskonstante $G \approx 6{,}674 \cdot 10^{-11} \frac{m^3}{(kg \cdot s^2)}$ überall im Universum, mit welcher Kraft sich zwei Körper, die einen gewissen Abstand voneinander haben, anziehen.

Egal, aus welchem Metall man durch Lichtbestrahlung Elektronen herauslöst, immer wird der Wert des Planckschen Wirkungsquantums ($h = 6{,}626 \cdot 10^{-34}$ Js) herauskommen, wenn man die Energie der Elektronen durch die Frequenz des Lichts dividiert.

Man könnte fortfahren mit anderen Naturkonstanten wie der Avogadro-Zahl, der Feinstrukturkonstante etc. Alle diese absoluten Größen haben eine universelle Gültigkeit – im kleinsten Atom wie im weiten Universum.

Und nicht nur das! Hinzu kommt, dass sämtliche Naturkonstanten unglaublich präzise aufeinander abgestimmt sind. Würde man nur eine der vielen Naturkonstanten minimal ändern, wäre sofort jegliches Leben auf unserem Planeten unmöglich. Die Feinabstimmung in der Natur ist so genau und so vielschichtig, dass man den Zufall als Ursache hierfür fast ausschließen muss!

Der britische Physiker und Mathematiker John D. Barrow beschreibt es wie folgt:

Es gibt Aspekte im Gerüst des Universums, deren Geheimnis in ihrer unerschütterlichen Konstanz liegt. Es sind diese unveränderlichen Dinge, die unser Universum zu dem machen, was es ist und was es von anderen denkbaren Welten unterscheidet. Es gibt einen goldenen Faden, aus dem ein Netz von Kontinuität gewebt ist, das die Natur durchzieht. Aufgrund dieses Netzes erwarten wir, dass sich bestimmte Dinge auch fernab im Weltall genauso wie auf der Erde verhalten, dass sie sich auch früher nicht anders verhalten haben als heute, dass dies auch in Zukunft so bleiben wird und dass für sie weder Zeit noch Ort zählen.[14]

Der soeben beschriebene Sachverhalt ist ein starkes Indiz für die Existenz Gottes. Universell gültige Größen und Gesetze weisen auf den einen »Größten« hin, der Gesetze für das Universum gab, es ins Dasein rief und es erhält. Professor Werner Gitt nutzt die Naturkonstanten und ihre Feinabstimmung sogar für die Erbringung eines Gottesbeweises.[15]

14 John D. Barrow, *Das 1 x 1 des Universums*, Frankfurt/Main: Campus Verlag, 2004. S. 16.
15 https://www.youtube.com/watch?v=Suk9mIXSOcg (abgerufen am 3.5.2021).

3
An den Grenzen der Logik –
Die Doppelnatur des Elektrons

Beim Studieren der Bibel stößt man immer wieder auf Spannungsfelder. Unterschiedliche Bibelstellen machen Aussagen, die uns miteinander unvereinbar erscheinen. Leider haben viele solcher Spannungsfelder zu teilweise sehr heftigen Auseinandersetzungen innerhalb der Christen geführt.

Eines der am kontroversesten diskutierten Spannungsfelder unter den bibeltreuen Christen ist sicherlich das zwischen Auserwählung und dem freien Willen des Menschen.

Für den bekannten Kirchenvater Augustinus (354 – 430 n. Chr.) war klar, dass …

… Gott im Herzen der Menschen wirkt, um ihren Willen dahin geneigt zu machen, wohin immer er will: entweder zum Guten gemäß seiner Gnade oder zum Bösen nach ihren bösen Verdiensten.[16]

Erasmus von Rotterdam, der niederländische Denker, Humanist und Theologe (um 1466 bis 1536), glaubte dagegen an den freien Willen jedes Menschen, den er wie folgt definierte: »Unter freiem Willen verstehen wir […] das Vermögen des menschlichen Willens, mit dem der

---

16 *Des heiligen Kirchenvaters Aurelius Augustinus ausgewählte Schriften*, Bd. VIII, Bibliothek der Kirchenväter, 1. Reihe, Bd. 49, Kempten, München: J. Kösel & F. Pustet, 1925.

Mensch sich dem, was zur ewigen Seligkeit führt, zuwenden oder von ihm abwenden kann.«[17]

In einem intensiven Diskurs setzte sich Erasmus von Rotterdam mit dem Reformator Martin Luther auseinander, der ihm entgegnete: »So ist der menschliche Wille mittendrein gestellt wie ein Maultier: Wenn Gott ihn reitet, will und geht er, wie Gott will, … Wenn ihn der Teufel reitet, will und geht er, wie der Teufel will, und er hat nicht die freie Wahl, zu einem der beiden Reiter zu laufen oder ihn zu suchen; sondern die Reiter selbst kämpfen darum, ihn zu erlangen und zu besitzen.«[18]

Hat Gott festgesetzt, wie sich der Mensch in Bezug auf sein Erlösungswerk entscheiden wird, oder kann sich der Mensch frei entscheiden?

Wenn die Bibel behauptet, Gott habe diejenigen vorherbestimmt, die als Errettete in den Himmel kommen: Wie passt dies zusammen mit der Aussage der Bibel, dass Gott »will, dass alle Menschen errettet werden und zur Erkenntnis der Wahrheit kommen« (1. Timotheus 2,4)?

Wenn auf der einen Seite tatsächlich jeder, der den Namen des Herrn Jesus im Glauben anruft, errettet wird, wie kann dann auf der anderen Seite gelten, was man in Epheser 1 über uns – Gottes erlöste Kinder – lesen kann? Dort heißt es: »… wie er uns auserwählt hat in ihm [d.h. in Christus] vor Grundlegung der Welt, dass wir heilig und

---

17 Erasmus von Rotterdam, *De libero arbitrio*, 1524. Hier zitiert nach der deutschen Ausgabe: *Vom freien Willen*, verdeutscht von Otto Schumacher, Göttingen: Vandenhoeck & Ruprecht, 1988, 6. Auflage, S. 24. Vgl. dazu folgende Sekundärquelle: https://www.evangelium21.net/media/790/erasmus-vs.-luther-vom-unfreien-willen (abgerufen am 3. 5. 2021).

18 Martin Luther, *De servo arbitrio*, 1525. Deutsche Ausgabe: *Vom unfreien Willen*, Augustdorf: Betanien Verlag 2016, S. 66-67. Das lateinische Original dieses Zitats findet sich in folgender Quelle: WA 18, 635, 17-22.

untadelig seien vor ihm in Liebe; und uns zuvor bestimmt hat zur Sohnschaft durch Jesus Christus für sich selbst« (Epheser 1,4-5). Der griechische Ausdruck für »auserwählt« bedeutet an dieser Stelle ein aktives Aussuchen aus einer Reihe von Kandidaten …

Die Christenheit scheidet sich an dieser Frage vielerorts auf der Erde in zwei Lager – die sogenannten Calvinisten und die sogenannten Arminianer.

Wenn man von Calvinisten oder Arminianern spricht oder schreibt, sollte man wissen, dass sowohl Johannes Calvin (1509 – 1564) als auch Jacobus Arminius (1560 – 1609) jeweils Vertreter von theologischen Überzeugungen waren, die bereits jahrhundertelang vor ihnen vertreten und gelehrt wurden. Luther hatte – wie oben ja schon ausgeführt wurde – bereits 1525 sein berühmtes Werk *Vom unfreien Willen* (oder *Vom geknechteten Willen*) als Antwort auf die Schrift *Vom freien Willen* (1524) des Humanisten Erasmus von Rotterdam veröffentlicht. Darin, wie auch in vielen seiner sonstigen Schriften, bekannte sich Luther sehr deutlich zur »Vorherbestimmung« oder »Erwählung« der Gläubigen – ähnlich wie andere kirchengeschichtliche Persönlichkeiten vor und nach ihm.

Über 1000 Jahre vor Luther und Calvin stritten bereits der ebenfalls schon zitierte Augustinus (354 – 430) und Pelagius (ca. 350 bis ca. 418) über diese wichtigen Fragen und riskierten eine Kirchenspaltung, die aber damals durch das Konzil von Ephesos (Ephesus) im Jahr 431, bei dem es u. a. um diese Streitpunkte ging, verhindert wurde.

Die sogenannten »Fünf Punkte des Calvinismus« gehen auf die Lehrregeln von Dordrecht zurück, die auf der Synode in Dordrecht (Holland) formuliert wurden. Dies geschah erst 1618/1619, also über 50 Jahre nach dem Tod Calvins, als Antwort auf die fünf Lehrsätze der »Remonstranten« von 1610. Es geht also um eine Auseinandersetzung, die fast so alt ist wie die Christenheit. Es handelt sich im Grunde nicht um jeweilige Lehrmeinungen von Persönlichkeiten der Kirchengeschichte, sondern um die Lehren der Bibel über den Sündenfall, den Zustand des gefallenen Menschen und über die Rettung des Sünders.

Während die Calvinisten klar betonen, dass der Mensch von Natur aus absolut verdorben ist und gar nichts zu seiner Errettung beitragen kann und dass Gott seine Kinder vor Grundlegung der Welt vorherbestimmt und zum Glauben gerufen hat, legen die Arminianer Wert darauf, dass jeder Mensch die Wahl hat, sich für oder gegen Jesus zu entscheiden. Für sie geht der Ruf Gottes an alle Menschen, und jeder kann dieses Angebot im Glauben annehmen oder ablehnen. Das Problem ist, dass beide Lager verschiedene Stellen der Bibel anführen, um ihre Position zu belegen.

Und es erscheint offensichtlich, dass nur eine der beiden Positionen richtig sein kann.

Die Argumentation ist recht einfach: Wenn Gott vor Grundlegung der Welt seine Kinder ausgewählt hat und nur diejenigen, die er ruft, errettet werden, dann kann es ja nicht sein, dass nach Gottes Willen alle Menschen errettet werden sollen.

Andersherum kann man genauso gut folgern: Wenn Gott will, dass alle errettet werden, und wenn jeder, der im Glauben sein Vertrauen auf Jesus setzt, Vergebung der Sünden erfährt, dann kann es nicht sein, dass Gott die begrenzte Schar seiner Kinder aktiv vorherbestimmt hat.

Manche Christen verzweifeln regelrecht an dieser Stelle; die Argumente beider Positionen aufgrund entsprechender Bibelstellen sind stark, und ein Konsens scheint unmöglich.

Die Kernaussagen beider Richtungen sind nachfolgend gegenübergestellt:

Die Lehre Calvins (1509–1564)	Die Lehre des Arminius (1560–1609)
1. Der Mensch ist völlig verdorben und sucht Gott nicht.	1. Der Mensch ist zwar von Natur aus verdorben und ist nicht bemüht, Gott zu suchen, aber wenn Gott – in seiner Gnade – ihm entgegenkommt, kann sich der Mensch freiwillig für ihn entscheiden.
2. Gott bestimmt das Schicksal von jedem Menschen bedingungslos und erwählt bestimmte Menschen zum Leben, die anderen belässt er in ihrem verlorenen Zustand.	2. Gott bestimmt das Schicksal von jedem Menschen im Voraus, indem er vorausschaut, wer an ihn glauben wird und wer nicht.
3. Jesus Christus ist nur für die Erwählten gestorben.	3. Jesus Christus hat am Kreuz sein Leben für alle Menschen geopfert.
4. Gottes Gnade ist unwiderstehlich.	4. Der Mensch kann, wenn er will, Gottes Gnade widerstehen.
5. Die Erlösten können nicht verlorengehen und beharren im Glauben, weil Gott sie bewahrt.	5. Die Erlösung kann wieder verloren werden, wenn man nicht im Glauben beharrt.

Natürlich gibt es eine Vielzahl von Zwischenpositionen zwischen diesen zwei Polen, das grundsätzliche Spannungsfeld bleibt aber dennoch bestehen.

Einige weitere Spannungsfelder sollen im Folgenden kurz aufgeführt werden. Zunächst sei das Gebet genannt.

Die Bibel lehrt uns, dass das Gebet eines Gerechten viel vermag. Stellen wie Jakobus 5,17-18 (»Elia war ein Mensch von gleichen Empfindungen wie wir; und er betete ernstlich, dass es nicht regnen möge, und es regnete nicht auf der Erde drei Jahre und sechs Monate. Und wieder betete er, und der Himmel gab Regen, und die Erde brachte ihre Frucht hervor«) vermitteln den Eindruck, dass wir durch Gebet den Arm Gottes bewegen können.

Und wenn wir das Gleichnis von der Witwe in Lukas 18 lesen, erscheint es uns, als müsse man nur beharrlich und unerbittlich flehen, damit Gott am Ende unser Bitten erhört. Zumindest wenn wir das bitten, was Gott gefällt …

Auf der anderen Seite gibt es zahlreiche Bibelstellen, die folgende Aussage belegen:

Gott tut, was er beschlossen hat, völlig souverän und ohne sich von irgendjemandem beeinflussen zu lassen.

Einige Belege sind nachfolgend aufgeführt:

»Auch lügt der nicht, der Israels Ruhm ist, und es gereut ihn nicht. Denn nicht ein Mensch ist er, dass ihn etwas gereuen könnte« (1. Samuel 15,29; RELB).

»Und alle Bewohner der Erde werden wie nichts geachtet, und nach seinem Willen tut er mit dem Heer des Himmels und mit den Bewohnern der Erde; und da ist niemand, der seiner Hand wehren und zu ihm sagen könnte: Was tust du?« (Daniel 4,32).

»Der HERR der Heerscharen hat geschworen und gesprochen: Ja, wie ich es zuvor bedacht habe, so geschieht es; und wie ich es beschlossen habe, so wird es zustande kommen« (Jesaja 14,24).

Liest man diese Verse, stellt sich unweigerlich die Frage, wozu man überhaupt beten soll. Gott tut ja ohnehin das, was er zuvor beschlossen hat. Er ändert seine Meinung nicht, und von daher scheint es doch keinen Sinn zu ergeben, zu ihm zu beten.

Auch hier scheinen sich die beiden Konzepte gegeneinander auszuspielen. Je mehr man darüber nachdenkt, desto mehr stellt man fest, dass fast alle Kernbereiche unseres Glaubens aus Spannungsfeldern bestehen, die wir nicht auf einen Nenner bringen.

Wenn ich von der Bibel aufgefordert werde, allen Fleiß anzuwenden[19], widerspricht dies nicht dem Prinzip, dass es nicht »an dem Wollenden noch an dem Laufenden, sondern an dem begnadigenden Gott« (Römer 9,16) liegt?

An manchen Stellen der Bibel findet man solch ein Spannungsfeld sogar komprimiert in einer Aussage wieder:

»Bewirkt euer eigenes Heil mit Furcht und Zittern; denn Gott ist es, der in euch wirkt sowohl das Wollen als auch das Wirken, zu seinem Wohlgefallen« (Philipper 2,12-13).

Man möchte Paulus am liebsten fragen: Was denn nun – soll ich mein Heil jetzt selbst »bewirken«, oder ist es Gott, der alles wirkt und vollbringt?

Die Liste der biblischen Spannungsfelder ließe sich problemlos erweitern.

Unser begrenzter menschlicher Verstand kann es wohl kaum auf einen Nenner bringen, dass Jesus gleichzeitig ganz Mensch und ganz Gott war und ist. Wenn Jesus als Gott beispielsweise vollkommen war, wie konnte er dann *an Weisheit zunehmen*, wie es im Lukasevangelium heißt?[20]

Wie kann der Heilige Geist uns in alle Wahrheit leiten, wenn Gott und seine Wege unergründlich sind? (Siehe das folgende Kapitel.)

---

19 A. d. H.: Vgl. 2. Petrus 1,5.
20 A. d. H.: Vgl. Lukas 2,52.

Exkurs in die Grundaxiome der mathematischen Logik

Jede exakte Wissenschaft beruht auf einem Axiomensystem. Axiome sind Setzungen, Grundsätze, von deren Richtigkeit man ausgeht und die daher nicht bewiesen werden brauchen. Axiome sind notwendig, um ein logisches System aufstellen zu können.

Alle exakten Wissenschaften müssen den logischen Grundgesetzen genügen. Die Logik ist also gewissermaßen die Basis aller exakten Wissenschaften.

Interessant ist es in unserem Zusammenhang, einmal zu schauen, was die Axiome der Logik sind, also die Setzungen, auf denen das logische Gebäude aufbaut, das jede Wissenschaft als Grundsatz zu beachten hat.

Eines der Grundaxiome der Logik lautet – umgangssprachlich formuliert – folgendermaßen:

»Von zwei Sätzen, von denen einer das Gegenteil des anderen aussagt, muss einer falsch sein.«

Noch einmal sei betont, dass dies eine Festlegung ist, die wir Menschen willentlich getroffen haben.

Natürlich ist diese Setzung absolut lebensnotwendig. Es gäbe ja überhaupt keine Möglichkeit, Entscheidungen zu treffen, wenn dieses Axiom nicht gelten würde.

Wenn mir eine Person sagt, ich solle nach rechts abbiegen, um zur Tankstelle zu gelangen, die andere dagegen behauptet, ich müsse links abbiegen, dann weiß ich, dass eine davon sich täuscht, zumindest wenn sie von derselben Tankstelle sprechen.

Auf das gerade angeführte Grundaxiom der Logik werden wir gleich zurückkommen müssen.

Elektronen und ihre rätselhafte Natur

Das Teilgebiet der Physik, das mich am meisten fasziniert, ist die Quantenphysik. Die kleinsten Teilchen (wie Photonen, Protonen oder Elektronen) verhalten sich so verblüffend, dass man es kaum für möglich halten sollte.

Am Beispiel des Elektrons soll dies ein wenig illustriert werden. Elektronen sind Bestandteile der Atome, aus denen alles aufgebaut ist. Während der Atomkern aus positiv geladenen Protonen sowie Neutronen besteht, bilden die negativ geladenen Elektronen die Atomhülle.

Klassischerweise stellt man sich Elektronen als winzige Teilchen vor, die eine bestimmte Masse und eine spezielle Ladung besitzen.

Viele Versuche lassen sich mit dieser Vorstellung erklären, einige wiederum nicht.

Einer der berühmtesten historischen Versuche der Physik ist der Franck-Hertz-Versuch. Er eignet sich hervorragend, um die Teilchennatur des Elektrons zu illustrieren.

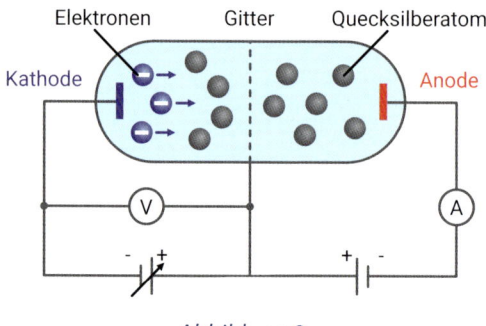

Abbildung 8

Aus einer Glühkathode werden Elektronen herausgeschossen. Sie fliegen durch die Röhre, die mit erhitztem Quecksilberdampf gefüllt ist. Diese Quecksilberatome haben ja auch Elektronen in ihrer Atomhülle. Es kommt nun zu Zusammenstößen zwischen den Elektronen, die aus der Kathode herausgeschossen werden, und den Elektronen in der Atomhülle der Quecksilberatome. Wenn die aus der Kathode herausgeschossenen Elektronen genug Energie haben, schaffen sie es sogar, Elektronen aus der Atomhülle der Quecksilberatome herauszuschießen und auf ein höheres Energieniveau zu heben. Dort bleiben die Elektronen nur kurze Zeit, dann fallen sie zurück auf ihr ursprüngliches Energieniveau; hierbei wird Licht ausgesandt. (Dieser Wechsel eines Elektrons von einem Energieniveau auf ein anderes wird Quantensprung genannt.)

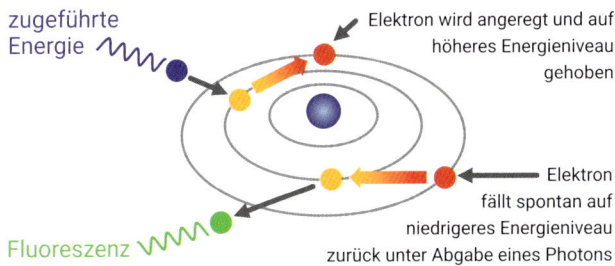

Abbildung 9

Die noch häufig anzutreffenden Neonröhren funktionieren auch nach diesem Prinzip.

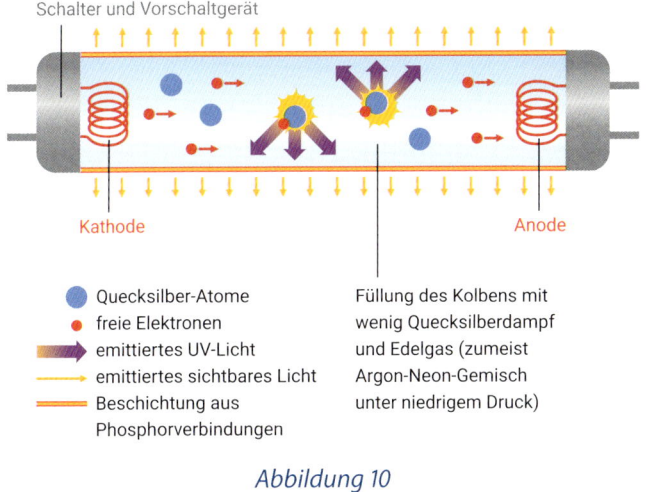

Abbildung 10

Es ist hier ganz offensichtlich, dass man sich die Elektronen als Teilchen vorstellen muss. Wie Billardkugeln stoßen die Elektronen aus der Glühkathode mit den Elektronen der Quecksilberatome zusammen und schaffen es so (wenn sie genügend Energie besitzen), die Elektronen entweder ganz aus dem Atom herauszuschießen oder auf ein höheres Energieniveau zu heben (siehe Abbildung 9).

Der Franck-Hertz-Versuch wurde erstmals 1914 von James Franck und Gustav Hertz durchgeführt. Er ist deshalb historisch so bedeutsam, da mit ihm die diskreten Energieniveaus nachgewiesen wurden, die ein Elektron in der Atomhülle einnehmen kann.

Im Grunde waren alle Physiker zufrieden mit der Idee, Elektronen als winzige Teilchen anzusehen, bis der Physiker de Broglie 1923 in seiner Dissertation eine kühne Hypothese aufstellte: »Wenn Licht mit Elementen des Teilchenmodells beschrieben werden muss, dann sollte auch Materie mit Elementen der Wellentheorie zu beschreiben sein.«[21]

De Broglie vermutete also, dass Elektronen noch eine weitere Natur besitzen könnten, nämlich eine Wellennatur. Und tatsächlich gelang es den Physikern Davisson und Germer bereits vier Jahre später, die Wellennatur von Elektronen experimentell nachzuweisen.

Anhand der nachfolgenden Skizze (Abbildung 11) kann das Phänomen gut erklärt werden. Elektronen werden durch einen Doppelspalt geschickt; hinter dem Doppelspalt kann man sehen, wie die Elektronen auf dem Beobachtungsschirm auftreffen. Hätten Elektronen lediglich eine Teilchennatur, dürfte man auf dem Schirm hinter dem Doppelspalt nur zwei Streifen sehen. Die Elektronen, die durch den linken Spalt fliegen, müssten einen linken, diejenigen, die durch den rechten Spalt fliegen, einen rechten Streifen auf dem Bildschirm erzeugen.

Das Bild müsste also wie folgt aussehen:

---

21 https://www.gymnasium-pegnitz.de/wp-content/uploads/2018/10/QuantenphysikHandout.pdf (abgerufen am 3.5.2021).

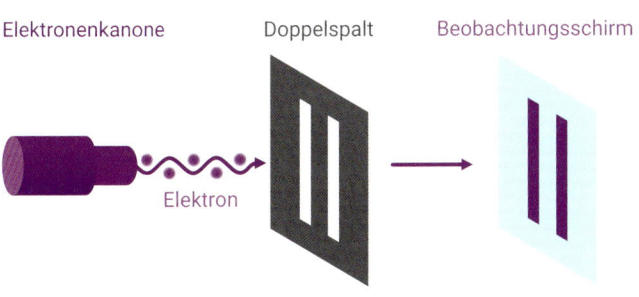

Elektronenkanone   Doppelspalt   Beobachtungsschirm

Elektron

Abbildung 11

Genau das sieht man aber nicht. Was man tatsächlich beobachtet, ist ein Wechsel von vielen Streifen, wie in Abbildung 12 gezeigt wird. Das bedeutet, dass es immer wieder Bereiche gibt, in die keine Elektronen gelangen. Diese wechseln sich wiederum mit Bereichen ab, in denen Elektronen am Bildschirm auftreffen.

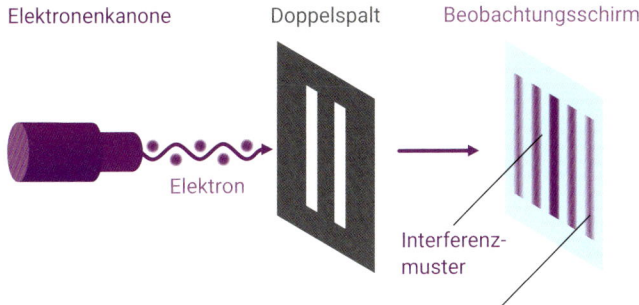

Elektronenkanone   Doppelspalt   Beobachtungsschirm

Elektron

Interferenz-
muster

Hier dürften keine Elektronen auftreffen,
wenn Elektronen nur Teilchencharakter hätten.

Abbildung 12

Das rätselhafte Muster auf dem Schirm kann nur erklärt werden, wenn Elektronen auch eine Wellennatur besitzen. Wellen können sich überlagern und gegenseitig auslöschen, damit wird der Wechsel aus hellen und dunklen Streifen erklärbar.

Es ist aber noch rätselhafter! Denn der obige Erklärungsansatz lässt ja vermuten, dass bei dem skizzierten Experiment verschiedene Elektronen sich gegenseitig beeinflussen (verstärken oder auslöschen) und so das Interferenzmuster zustande kommt. Deshalb haben die Physiker gespannt geschaut, was passiert, wenn man die Elektronen einzeln nacheinander durch den Doppelspalt schickt. Das verblüffende Ergebnis: Selbst dann erhält man das obige Interferenzmuster. Wie soll man das noch erklären können?! Beeinflusst das Elektron sich am Ende selbst?

Um das Staunen noch größer werden zu lassen, sei noch kurz erwähnt, was passiert, wenn man am Doppelspalt einen Sensor aufbaut, um genau zu untersuchen, was am Doppelspalt mit den einzelnen Elektronen passiert. Ob der Leser es glauben mag oder nicht: Sobald man den Sensor einbaut, ändern die Elektronen ihr Verhalten, und das Bild auf dem Bildschirm ändert sich: Man sieht nur noch die zwei Streifen aus Abbildung 11. Als wüsste das Elektron, dass es beobachtet wird, sodass es deswegen sein Verhalten ändert.

An dieser Stelle kommen wir in einen Grenzbereich unserer Logik. Denn mit der uns gewohnten »Entweder-oder-Logik« würden wir sagen, dass Elektronen entweder Teilchen- oder Wellencharakter besitzen. Die Teilchennatur schließt für unseren Verstand die Wellennatur aus, und umgekehrt ist es dasselbe.

Offensichtlich gibt es in der Natur Phänomene wie Elektronen, bei denen ein Sachverhalt und sein Gegenstück gleichzeitig zutreffen.

Das Elektron ist Welle und Teilchen, auch wenn unser Verstand dies nicht auf einen Nenner bringen kann. Das eine Phänomen kann nur erklärt werden, wenn sich ein Elektron wie ein Teilchen verhält; der nächste Versuch ergibt nur Sinn, wenn ein Elektron eine Wellennatur besitzt.

Wir wollen, dass entweder das eine oder eben das andere zutrifft. Die Natur erfüllt uns diesen Wunsch aber nicht.

Feynman, der geniale Physiker, der 1965 für seine Arbeiten zur Quantenphysik den Nobelpreis erhielt, äußerte sich einmal zu dem gerade beschriebenen Doppelspalt-Experiment mit Elektronen. Das Experiment »enthält das gesamte Rätsel der Quantenmechanik«, spitzte er zu. »Welcher Mechanismus steckt dahinter? Niemand weiß es. Niemand kann eine tiefere Erklärung dieses Phänomens geben.«[22]

Der Amerikaner Richard Feynman
(1918 – 1988) bekam 1965
den Nobelpreis für seine Arbeit
zur Quantenelektrodynamik.

Für die Physikinteressierten:
Heute werden kleinste Teilchen (= Quantenobjekte) wie Elektronen oder Photonen durch die Schrödingergleichung beschrieben.

Die Lösungen der Schrödingergleichung können dann benutzt werden, um die Wahrscheinlichkeit zu berechnen, ein Quantenobjekt in einem bestimmten Raumbereich anzutreffen.

Dieser Ansatz beschreibt die oben dargestellten Phänomene mathematisch zutreffend, liefert aber keine kausale Erklärung für ein derart rätselhaftes Verhalten.

---

22 www.wissenschaft.de/allgemein/die-verdammte-quantenspringerei (abgerufen am 3. 5. 2021).

Noch genau erinnere ich mich an meine Atomphysik-Vorlesung vor über 20 Jahren. Der Professor betonte an dieser Stelle, dass man sich hier in einem Bereich befindet, in dem man die Grundaxiome der Logik nur noch eingeschränkt anwenden kann.

Für mich war diese Vorlesung ein echter Quantensprung für mein geistliches Leben. Vielleicht ist die Lösung für die vielen Spannungsfelder, deretwegen sich Christen zu allen Zeiten entzweit haben, einfach die Erkenntnis, dass es Bereiche gibt, in denen man das oben aufgeführte »Entweder-oder-Axiom« nur bedingt anwenden sollte. Es gibt offensichtlich Bereiche, in denen zwei von der Bibel geoffenbarte Wahrheiten gleichzeitig zutreffen, obwohl sie sich für unseren Verstand gegenseitig ausschließen. Wenn die Bibel sagt, Gott habe uns – seine Kinder – vor Grundlegung der Welt zuvorbestimmt, auf der anderen Seite aber konstatiert, dass Gott »will, dass alle Menschen … zur Erkenntnis der Wahrheit kommen«[23], so erscheint es uns, als könne nicht beides zugleich zutreffen. Das zeigt aber nur, dass unsere Grundaxiome der Logik an ihre Grenzen kommen. Davon, dass Gott in seiner Selbstoffenbarung einen Fehler begangen hätte, kann jedoch keine Rede sein. Sein Wort ist vollkommen und ohne Widersprüche, lässt sich aber eben nicht in unsere Denkschemata pressen.

Genauso ist es bei den anderen erwähnten biblischen Spannungsfeldern:

Es mag uns unvereinbar vorkommen, sollte aber unsere Motivation, das Gebet zu suchen, niemals schmälern: Gott handelt, ohne sich von uns Menschen beeinflussen zu lassen, gemäß seinem göttlichen Vorsatz. Dennoch erhört er Gebete und freut sich, wenn wir uns an ihn wenden.

---

23 A. d. H.: Vgl. 1. Timotheus 2,4.

Alles, was mir im geistlichen Leben gelingt, ist von Gott gewirkt; ich kann nichts aus mir selbst tun. Dennoch wende ich allen Fleiß an und kämpfe mit aller Kraft und Disziplin, um das Ziel zu erreichen. Es scheint nicht zusammenzupassen, ist aber richtig, da die Bibel beide Seiten betont.

So wie es auch beim Elektron ist. Die Natur ist einfach größer als unser begrenzter Verstand, und der Schöpfer der Natur lässt sich erst recht nicht mit menschengemachten Axiomen der Logik eingrenzen!

An dieser Stelle soll eines klar betont werden: Die obigen Gedanken sollten nicht zu dem Schluss führen, dass jede Behauptung in der oben erwähnten Debatte zwischen Calvinisten und Arminianern toleriert werden muss. Alles, was Gott sagt, ist perfekt und richtig; auf die Meinungen von uns Menschen trifft dies aber nicht ansatzweise zu. So lehrt die Bibel etwa eindeutig und an vielen Stellen, dass Gotteskinder sich ihres Heils absolut sicher sein können.

»… ich gebe ihnen ewiges Leben, und sie gehen nicht verloren in Ewigkeit, und niemand wird sie aus meiner Hand rauben« (Johannes 10,28), sagt Jesus über diejenigen, die er erlöst hat.

»Denn ich bin überzeugt, dass weder Tod noch Leben, weder Engel noch Fürstentümer, weder Gegenwärtiges noch Zukünftiges, noch Gewalten, weder Höhe noch Tiefe, noch irgendein anderes Geschöpf uns zu scheiden vermögen wird von der Liebe Gottes, die in Christus Jesus ist, unserem Herrn« (Römer 8,38-39).

Verse wie diese zeigen uns, dass wir auf Jesu Werk vertrauen und in absoluter Heilsgewissheit leben können.

Und noch einem Missverständnis sei vorgebeugt: Der Denkansatz, dass man Wahrheiten stehen lassen muss, auch wenn sie sich für uns gegeneinander ausschließen, trifft nur auf das zu, was Gott in seinem Wort geoffenbart hat!

Denn sonst könnte man ja auch zu dem Schluss kommen, dass alle Wege nach Rom führen. Wenn eine Sache und ihr Gegenstück gleichzeitig zutreffen können, dann könnte es doch auch so sein, dass Jesus mit Recht behauptet, der alleinige Weg zu Gott zu sein, gleichzeitig aber auch die Religionen dieser Welt wahr sind, die den Anspruch erheben, Wege zu Gott zu weisen.

Das Elektron hat die Wesenseigenschaften, die in der Natur erkennbar sind. Auch wenn wir sie nicht miteinander vereinbaren können, treffen sie zu, weil wir sie beobachten. Würde man jedoch behaupten, das Elektron sei gleichzeitig masselos und im Besitz einer speziellen Masse, wäre dies völliger Unsinn, da dies dem widerspricht, was wir in der Natur beobachten. Es gilt also, nur die Eigenschaften zu akzeptieren, die man in der Natur vorfindet, auch wenn es uns schwerfällt, sie miteinander zu vereinbaren. So ist es auch mit den göttlichen Wahrheiten: All das ist zu akzeptieren, was Gott uns in seinem Buch, der Bibel, offenbart. Was dagegen der Botschaft der Bibel widerspricht, ist grundsätzlich abzulehnen.

4
»Gottesteilchen« oder Gotteswerk?! –
Die Entdeckung und Bedeutung des Higgs-Bosons

Es war die Top-Sensation am 4.7.2012 in allen Nachrichtensendern rund um den Globus: Das Higgs-Boson, weitverbreitet auch »Gottesteilchen« genannt, war nach jahrzehntelanger Suche gefunden worden.

Ein Jahr später, im Jahr 2013, erhielten die beiden Physiker Peter Higgs und François Englert, die in ihren aufgestellten Theorien die Existenz eines universell wirkenden Higgs-Feldes und des Higgs-Elementarteilchens schon in den 1960er-Jahren vorhergesagt hatten, den Nobelpreis.

Weshalb wurde der Nachweis dieses Teilchens so gefeiert, und warum wird es immer wieder »Gottesteilchen« genannt?

Peter Higgs bekam mit François Englert 2013 den Nobelpreis für seine Entwicklung des Higgs-Mechanismus zuerkannt.

Zunächst einmal ist es eine technische Meisterleistung gewesen, dieses bis dahin fehlende Elementarteilchen nachzuweisen.

Durch eine 27 km lange unterirdische Röhre ließ man immer wieder Protonen, also positiv geladene Teilchen, mit superstarken Magnetfeldern bei nur knapp über dem absoluten Nullpunkt liegenden Temperaturen (es gelingt den Physikern, technisch Temperaturen von -271,3 °C herzustellen!) auf Geschwindigkeiten von über 99,9 % der Lichtgeschwindigkeit beschleunigen und dann zusammenstoßen. Die Analyse der bei der Kollision entstehenden Bestandteile lieferte unter anderem den eindeutigen Nachweis des gesuchten und bisher fehlenden Higgs-Bosons. Die Präzision, mit der diese Versuche durchgeführt wurden, sucht ihresgleichen. Winzige Teilchen wie Protonen bei solchen Geschwindigkeiten kontrolliert zusammentreffen zu lassen und die entstehenden Kollisionsprodukte mit kathedralengroßen Detektoren einzufangen und exakt auszuwerten – das ist eine Meisterleistung der menschlichen Intelligenz! Durchgeführt wurden die Experimente mit dem Large Hadron Collider (LHC) am Kernforschungszentrum CERN.

Doch es war nicht in erster Linie die technische Leistung (die übrigens milliardenschwere Kosten mit sich brachte), die am besagten 4.7.2012 so gefeiert wurde. Gefeiert wurde in erster Linie die Bestätigung der bislang nicht abgesicherten Elementarteilchen-Feldtheorie, zu deren Verifizierung notwendigerweise das bis dahin fehlende Higgs-Boson nachgewiesen werden musste.

Um eine Ahnung davon zu bekommen, worum es beim Higgs-Mechanismus geht und warum man in diesem Zusammenhang vom »Gottesteilchen« spricht, sollen im Folgenden einige Grundlageninformationen präsentiert werden.

Der Large Hadron Collider ist ein Teilchenbeschleuniger am Europä-
ischen Kernforschungszentrum CERN bei Genf. In Bezug auf Energie
und Häufigkeit der Teilchenkollisionen ist der LHC der leistungsstärkste
Teilchenbeschleuniger der Welt. Auf dem Foto ist die 27 km lange unter-
irdische Röhre eingezeichnet.

Obwohl unsere Welt so vielfältig und facettenreich ist, wissen wir, dass
unsere komplette Welt aus nur 118 verschiedenen Atomen zusam-
mengesetzt ist, die wir aus dem Periodensystem der Elemente kennen. Noch erstaunlicher ist, dass diese 118 verschiedenen chemischen
Elemente allesamt wiederum aus nur drei Bausteinen bestehen, den
positiv geladenen Protonen, den neutralen Neutronen sowie den
negativen Elektronen. Wasserstoff und Eisen beispielsweise, zwei
völlig verschiedene Elemente, setzen sich gleicherweise aus Protonen, Neutronen und Elektronen zusammen – nur mit dem Unterschied, dass der Wasserstoffkern lediglich ein Proton, der Eisenkern
jedoch 26 Protonen besitzt. Wie bereits in den vergangenen Kapi-
teln erläutert, bilden Neutronen und Protonen jeweils den Atomkern,
während sich die Elektronen in der Atomhülle befinden. In den letzten Jahrzehnten zeigte sich jedoch, dass es teilweise noch kleinere
Bestandteile des Universums gibt. So setzen sich Protonen und Neutronen jeweils aus drei Quarks zusammen (es gibt Up- und Down-
Quarks). Neben den schon lange bekannten Photonen entdeckte man

andere Elementarteilchen wie die Neutrinos (die fast überhaupt nicht mit dem Rest des Universums reagieren und in gigantischer Anzahl in jeder Sekunde durch unseren Körper strömen) oder die in diesem Buch ebenfalls schon erwähnten Myonen.

Die meisten dieser Elementarteilchen besitzen eine Ruhemasse, einige wenige jedoch sind masselos (Photonen und Gluonen).

Genau diesen Sachverhalt wollten die Physiker nun durch eine Theorie erklären. Wieso haben einige Elementarteilchen keine, die meisten jedoch eine klar definierte Ruhemasse?

In diesem Zusammenhang stellten Higgs und Englert eine neue Theorie auf, den sogenannten Higgs-Mechanismus:

Demnach existiert im ganzen Universum ein universelles Higgs-Feld (ein Kraftfeld wie das Gravitationsfeld), das manchen Teilchen ihre Masse verleiht und anderen eben nicht. Da mit einem Feld stets auch Austauschteilchen verbunden sind (das besagt die Quanten-physik), suchten die Quantenphysiker nun nach diesem ominösen Higgs-Teilchen, das wiederum die Existenz des Higgs-Feldes beweisen würde. Erschwerend kam hinzu, dass bei dem experimentellen Nach-weis unglaublich hohe Energien nötig sein würden.

Dieser Nachweis wurde 2012 – wie oben geschildert – erbracht. Durch Wechselwirkung mit dem Higgs-Teilchen bekommen also die anderen Elementarteilchen erst ihre Masse.

Übrigens ist auch hier wieder die verblüffende Feinabstimmung des Universums zu bewundern, die auch schon in Kapitel 2 dieses Buches thematisiert wurde. Der Astrophysiker Roman Zitlau schreibt in die-sem Zusammenhang: »Würde das Higgs-Feld den Quarks nur einen kleinen Bruchteil weniger oder mehr Masse verleihen, so wäre ein intelligentes Leben im Universum niemals möglich gewesen! Sämt-liche Naturkonstanten des Universums sind dermaßen fein ›auf Leben eingestellt‹, dass selbst kleinste Änderungen an nur einer einzigen von ihnen unsere Welt sofort in einen unbewohnbaren Ort verwandeln würden. Es ist höchst beeindruckend, welch allumfassend haargenaue Feinabstimmung im Universum beobachtet werden kann. Es ist so spannend wie bitter, dass der Grund dafür unbekannt ist und vielleicht auch immer unbekannt bleiben wird.«[24]

Welch ein Privileg, als Christ eine Antwort auf die von Zitlau aufgeworfene Frage geben zu können!

»Im Anfang war das Wort, und das Wort war bei Gott, und das Wort war Gott. Dieses war im Anfang bei Gott. Alles wurde durch dasselbe, und ohne dasselbe wurde auch nicht eins, das geworden ist« (Johannes 1,1-3).

Gott hat alle Dinge ins Dasein gerufen und auch die Feinabstimmung zwischen ihnen hergestellt.

Und es ist völlig unangebracht, das Higgs-Boson »Gottesteilchen« zu nennen. Denn wenn die Theorie auch besagt, dass das Higgs-Feld allen massebehafteten Dingen ihre Masse verleiht, so wird die Frage nach dem Ursprung hierdurch nur eine Ebene nach hinten verschoben. Denn niemand kann mit der Physik erklären, woher das Higgs-Feld bzw. das Higgs-Teilchen seine Existenz bekommt. Und sollte man dies irgendwann erklären können, würde es wieder neue Ursachen geben, deren Existenz bzw. Ursprung ungeklärt wären.

Von daher kann man nur schmunzeln über Journalisten, die in diesem Zusammenhang behaupteten, durch das Higgs-Teilchen sei der Ursprung des Universums geklärt.[25]

---

24 Roman Zitlau, in: Harald Lesch (Hrsg.), *Die Entdeckung des Higgs-Teilchens*, München 2015, S. 89-90.

25 Übrigens ist die in der Öffentlichkeit bevorzugte Bezeichnung »Gottesteilchen« einem Übermittlungsfehler geschuldet: In den 1990er-Jahren hatte der Physik-Nobelpreisträger Leon Ledermann ein Manuskript mit dem Titel »The Goddamn Particle« angefertigt. Damit wollte er ausdrücken, dass es »verdammt schwierig« sei (die blasphemische Schreibweise

Über Gott heißt es in Offenbarung 10,6: »… der da lebt von Ewigkeit zu Ewigkeit, der den Himmel erschuf und das, was in ihm ist, und die Erde und das, was auf ihr ist, und das Meer und das, was in ihm ist«. Er hat auch das Higgs-Teilchen erschaffen.

»Durch Glauben verstehen wir, dass die Welten durch Gottes Wort bereitet worden sind, sodass das, was man sieht, nicht aus Erscheinendem geworden ist« (Hebräer 11,3). Dieser tiefgründige Bibelvers bringt es auf den Punkt: Man kommt – egal, welcher Theorie man Glauben schenkt – nicht an der Tatsache vorbei, dass es einen Punkt am Anfang des Universums gibt, an dem Glaube gefragt ist. Dabei sind zwei Alternativen möglich: Entweder man glaubt an den Urknall, oder man glaubt, dass alles Sichtbare durch Gottes Wort entstanden ist.

Es liegt ein unendlich großer Halt in dem Bewusstsein, dass Gottes Wort dieses Wunder bewirkt hat.

Und letztlich stellt sich die Frage, ob das Wunder, das Gott im Leben jedes Christen wirkt, nicht noch gewaltiger ist. »Daher, wenn jemand in Christus ist, da ist eine neue Schöpfung; das Alte ist vergangen, siehe, Neues ist geworden«, heißt es im zweiten Korintherbrief (Kapitel 5,17). Gott schenkt seinen Kindern eine neue Natur, die im Vergleich zum natürlichen Zustand des Menschen einen Quantensprung mit sich bringt. »[Gott] hat auch uns, als wir in den Vergehungen tot waren, mit dem Christus lebendig gemacht« (Epheser 2,5).

Aus geistlich toten Wesen werden durch Gott in Christus neue Geschöpfe, die er befähigt, gottgemäß zu leben und ihn anzubeten.

Gott verdient unser Lob und unsere Anbetung für seine unglaublich großen Werke in der Natur und in unserem Leben!

---

wird hier benutzt, um den Ausdruck zu erklären), das Higgs-Teilchen zu finden. Der Verleger des Manuskripts ließ den Teil »damn« kurzerhand weg – schon war der Begriff »Gottesteilchen« geboren.

5
Grenzbereiche der Erkenntnis –
Die Unschärferelation

»Die Quantentheorie ist so ein wunderbares Beispiel dafür, dass man einen Sachverhalt in völliger Klarheit verstanden haben kann und gleichzeitig doch weiß, dass man nur in Bildern und Gleichnissen von ihm reden kann.«[26]

Werner Heisenberg

Werner Heisenberg (1901–1976) bekam 1932 den Nobelpreis für seine Begründung der Quantenmechanik. Heisenberg war auch an dem Uranprojekt beteiligt, das zum Bau der Atombombe führen sollte.

Seitdem man den ersten Geheimnissen der kleinsten Teilchen auf die Spur gekommen war, wuchs der Wunsch, genau zu beobachten, wie sich Elektronen, Photonen etc. in bestimmten Situationen verhalten, ins Unermessliche. Mit den besten Apparaturen und ausgeklügelten

26 www.wissenschaft.de/allgemein/die-verdammte-quantenspringerei (abgerufen am 3.5.2021).

Experimenten wollte man beispielsweise beliebig genau messen, wo die Quantenobjekte sich befinden und wie schnell sie dabei sind.

Man müsste die Messgeräte doch nur immer weiter perfektionieren, um am Ende Gewissheit über die verborgensten Geheimnisse bekommen zu können!

Manche Christen gehen mit einem ähnlichen Selbstverständnis an das Bibelstudium heran. Sie pochen auf ihre geistliche Reife und das Verständnis, das Gott ihnen gegeben hat. Selbst in unwesentlichen Detailfragen, bei denen man unterschiedlicher Meinung sein kann, sind sie sich sicher, die absolute Wahrheit Gottes verstanden zu haben. Für abweichende Meinungen von anderen, die ebenfalls aufrichtig und bewährt mit dem Herrn leben, ist da kein Platz. Wir seien in der Lage, die Geheimnisse Gottes und alle schwierigen Stellen der Bibel restlos zu entschlüsseln, so glauben sie. Damit einher geht leider manchmal auch die Tendenz, andere Christen, die eine abweichende Sicht vertreten, zu verurteilen oder zumindest als weniger reif einzustufen.

Interessanterweise stellt auch dieser Bereich unseres Glaubens ein Spannungsfeld dar. Zum einen gibt es viele Bibelstellen, die die soeben dargestellte Sicht untermauern:

»Wenn aber jener, der Geist der Wahrheit, gekommen ist, wird er euch in die ganze Wahrheit leiten« (Johannes 16,13).

»... dass ihr in ihm in allem reich gemacht worden seid, in allem Wort und aller Erkenntnis ...« (1. Korinther 1,5).

»Und ihr habt die Salbung von dem Heiligen und wisst alles« (1. Johannes 2,20).[27]

---

27 A.d.H.: Obwohl sich in vielen deutschen Bibelübersetzungen hier eine andere Lesart findet (z. B. »... und habt alle das Wissen« [Luther 1984]), wird der entsprechende Sachverhalt durch andere Bibelstellen bestätigt (vgl. z. B. 2. Johannes 1-2).

Zum anderen finden wir zahlreiche Stellen, die betonen, wie unergründlich Gottes Ratschluss ist. Sie verdeutlichen, dass Gottes Gedanken höher als unsere Gedanken sind und dass unsere Erkenntnis immer nur Stückwerk bleiben wird:

»Siehe, Gott ist zu erhaben für unsere Erkenntnis« (Hiob 36,26).

»Denn wer hat den Sinn des Herrn erkannt, oder wer ist sein Mitberater gewesen?« (Römer 11,34).

Hiob musste demütig bekennen, wie vermessen es gewesen war, mit Gott rechten zu wollen:

»Und Hiob antwortete dem HERRN und sprach: Ich weiß, dass du alles vermagst und kein Vorhaben dir verwehrt werden kann. Wer ist es, der den Rat verhüllt ohne Erkenntnis? So habe ich denn beurteilt, was ich nicht verstand, Dinge, zu wunderbar für mich, die ich nicht kannte. Höre doch, und ich will reden; ich will dich fragen, und du belehre mich! Mit dem Gehör des Ohres hatte ich von dir gehört, aber nun hat mein Auge dich gesehen. Darum verabscheue ich mich und bereue in Staub und Asche« (Hiob 42,1-6).

Auch hier kann uns die Quantenphysik helfen, eine ausgewogene Haltung zu gewinnen.

1927 formulierte der oben bereits zitierte deutsche Physiker Werner Heisenberg die berühmte Unschärferelation, für die er 1932 auch den Nobelpreis der Physik erhielt. Die Unschärferelation brachte Klarheit in der Frage, ob beliebig genaue Präzision in die Messung der kleinsten Quantenobjekte zu bringen sei.

Die Antwort lautet ganz eindeutig: *Nein!*

Umgangssprachlich formuliert lautet die folgenschwere Erkenntnis, die Heisenberg aus der Quantentheorie herleitete:

Zwei komplementäre Eigenschaften eines Quantenobjekts sind nicht gleichzeitig beliebig genau messbar.

Komplementäre Eigenschaften sind zum Beispiel Ort und Impuls eines Teilchens. (Der Impuls ist das Produkt von Masse und Geschwindigkeit, man kann ihn sich als Wucht eines Teilchens vorstellen.) Also bedeutet Heisenbergs Unschärferelation im Fall des Elektrons, dass man nicht gleichzeitig Ort und Impuls bestimmen kann. Je genauer man etwa den Ort des Elektrons lokalisiert, desto ungenauer wird man seine Geschwindigkeit bestimmen können. Umgekehrt gilt es genauso. Sobald man genauere Informationen über die Geschwindigkeit des Elektrons gewinnen möchte, geht dies automatisch und unvermeidlich zulasten der Bestimmung seines Aufenthaltsortes.

Als Formel ausgedrückt lautet die Unschärferelation:

$$\Delta x \cdot \Delta p \geq \tfrac{h}{4\pi}$$

Erläuterungen zur Formel:

Δx: Ortsunschärfe

Δp: Impulsunschärfe

$h = 6{,}626 \cdot 10^{-34}$ Js (Plancksches Wirkungsquantum)

Man kann also genau berechnen, wie unscharf die komplementäre Größe wird, wenn man die eine Größe auf eine gewisse Genauigkeit misst. Das Produkt beider Unschärfen wird immer mindestens $\tfrac{h}{4\pi}$ sein.

Für den interessierten Leser folgt ein kleines Rechenbeispiel, das gut das Ausmaß der Erkenntnis von Werner Heisenberg illustriert:

Berechnet werden soll, wie präzise man die Geschwindigkeit eines Elektrons in der Atomhülle messen kann. Befindet sich das Elektron in der Atomhülle, kann man seinen Ort nicht genau vorhersagen. Mehrfache Messungen ergeben in dem fiktiven Beispiel, dass es immer in der Nähe des Kerns angetroffen wird, die Werte für den Ort x dennoch immer etwas streuen. Die Streuung liegt in der Größenordnung des Atomradius: $\Delta x \approx r_{Atom} = 0{,}5209 \cdot 10^{-10}$ m. Diesen Atomradius hatte Niels Bohr für den Grundzustand des Wasserstoffatoms berechnet. Dass Δx etwa diese Größe haben muss, ist nachvollziehbar, da ja vorausgesetzt ist, dass das Elektron sich irgendwo in der Atomhülle nahe am Kern befindet.

Setzen wir diese in Messungen ermittelte Streuung des Ortes in die Unschärferelation ein, erhält man die »Unschärfe« des Impulses und damit die Streuung der Geschwindigkeit.

Das Ergebnis ist absolut beeindruckend:

$$0{,}5209 \cdot 10^{-10} \text{ m} \cdot \Delta p \geq \tfrac{h}{4\pi}$$

$$\Leftrightarrow \Delta p \geq 1{,}01 \cdot 10^{-24} \tfrac{\text{Js}}{\text{m}}$$

Da der Impuls das Produkt aus Masse und Geschwindigkeit ist, braucht man jetzt nur noch durch die Elektronenmasse ($m_e = 9{,}109 \cdot 10^{-31}$ kg) dividieren und erhält für die Streuung der Geschwindigkeit:

$$\Delta v \geq 1\,111\,262 \ \tfrac{\text{m}}{\text{s}} \approx 1111 \text{ km/s}$$

Bei Messungen der Geschwindigkeit von Elektronen im Atom würde man also im Schnitt Abweichungen von mindestens 1000 km/s erhalten. Das ist eine unglaublich große Streuung, man kann also nicht ansatzweise eine sichere Vorhersage über die Geschwindigkeit

eines Elektrons im Atomkern machen. Und diese streuenden Mess-
ergebnisse lägen nicht daran, dass die Elektronen bereits vorher
unterschiedliche Geschwindigkeiten hatten. Sie hatten vor der Messung überhaupt keine Geschwindigkeit. Die Unschärfe ist einzig und
allein Resultat des Messvorgangs!

Es mag frustrierend klingen, ist aber ein Gesetz, das Gott in die Natur
hineingelegt hat:

Wollen Sie eine Größe eines Quantenobjekts genau bestimmen,
müssen Sie bereit sein zu akzeptieren, dass Sie nur noch sehr ungenau
Aussagen über die komplementäre Größe machen können. Die
Genauigkeit der einen Größe bedingt notwendigerweise eine Ungenauigkeit der Komplementärgröße. Und diese Grenze der maximal
möglichen Messgenauigkeit kann der Mensch nicht verschieben, sie
liegt nicht an unausgereiften Messinstrumenten. Sie ist vielmehr ein
Naturgesetz, unter das sich der Mensch beugen muss. Dabei ist die
Unschärfe ein Resultat des Messens, sie liegt nicht von Natur aus
in den kleinsten Teilchen. Nach Niels Bohr ist die unvermeidliche
Wechselwirkung bei der Messung zwischen Messobjekt und Mess-
gerät für die Unbestimmtheit verantwortlich.

Auch hier sehe ich eine wichtige Analogie zur geistlichen Glaubensrealität. Das eingangs aufgeführte Zitat von Heisenberg beschreibt es
treffend: Auch in der Glaubenswirklichkeit können und sollen wir
durch intensives Studium immer mehr erkennen und durchschauen,
aber je mehr wir in die Dinge Gottes einzudringen versuchen, desto
klarer wird uns werden, wie begrenzt und »unscharf« unsere Erkenntnis immer bleiben wird, solange wir hier auf der Erde sind.

Paulus kann uns hier mit seinem Vorbild zeigen, wie eine gesunde
Balance zwischen den beiden skizzierten Polen aussehen sollte. Auf

der einen Seite bezeugt er mit gutem Gewissen, dass er den Glaubens-geschwistern in Ephesus »den ganzen Ratschluss Gottes« verkündigt hat (Apostelgeschichte 20,27). Auf der anderen Seite ist er sich völlig im Klaren darüber, dass er die Wege und das Wesen Gottes nie voll-ständig begreifen kann. So ruft er demütig aus: »O Tiefe des Reich-tums, sowohl der Weisheit als auch der Erkenntnis Gottes! Wie un-erforschlich sind seine Gerichte und unergründlich seine Wege! Denn wer hat den Sinn des Herrn erkannt, oder wer ist sein Mitberater gewesen? Oder wer hat ihm zuvor gegeben, und es wird ihm vergolten werden? Denn von ihm und durch ihn und für ihn sind alle Dinge; ihm sei die Herrlichkeit in Ewigkeit! Amen« (Römer 11,33-36).

Je mehr wir in die göttlichen Dinge eindringen, desto demütiger werden wir uns unsere eigene Begrenztheit eingestehen und Gottes Größe bewundern.

Fast allen großen Physikern war eine solche Demut eigen. Es wäre sicherlich falsch, Albert Einstein als Christen zu bezeichnen. Aber auch er sah seine Begrenztheit im Vergleich zu dem, was er als »un-endliches geistiges Wesen« bezeichnete:

»Meine Religion besteht in der demütigen Anbetung eines un-endlichen geistigen Wesens höherer Natur, das sich selbst in den kleinen Einzelheiten kundgibt, die wir mit unseren schwachen und unzulänglichen Sinnen wahrzunehmen vermögen.«[28]

Sir Isaac Newton, der große Physiker des 17. und des beginnenden 18. Jahrhunderts, der im nächsten Kapitel kurz erwähnt werden wird, schrieb in einem Brief an Robert Hooke: »Wenn ich weiter sehen

---

28 Vgl. https://books.google.de/books?id=pSclkUwKp-oC&pg=PA272&dq= (abgerufen am 3.5.2021). A.d.H.: Eine deutsche Wiedergabe findet sich in leicht geänderter Form in: Alice Calaprice (Hrsg.), *Einstein sagt. Zitate Einfälle Gedanken*, München/Zürich: Piper, 2005, S. 187.

konnte, so deshalb, weil ich auf den Schultern von Riesen stand.«[29] Und in Bezug auf Gott äußerte er in seiner weltberühmten *Principia Mathematica*: »Es folgt hieraus, dass der wahre Gott ein lebendiger, einsichtiger und mächtiger Gott, dass er über dem Weltall erhaben und durchaus vollkommen ist. Er ist ewig und unendlich, allmächtig und allwissend, das heißt, er währt von Ewigkeit zu Ewigkeit und ist da von Unendlichkeit zu Unendlichkeit; er lenkt alles und er erkennt alles, was geschieht oder geschehen kann. Er ist nicht die Ewigkeit und die Unendlichkeit, sondern er selber ist ewig und unendlich; er ist nicht die Zeit und der Raum, sondern er selber währt und ist da. Er währt immer und ist allgegenwärtig; und dadurch, dass er immer und überall ist, bringt er die Zeit und den Raum zum Sein.«[30]

Sir Isaac Newton (1643 – 1727) auf einem Gemälde aus dem Jahr 1689. Newton gilt als einer der größten Wissenschaftler aller Zeiten. Er entdeckte das Gravitationsgesetz. Seine Errungenschaften bilden die Grundlagen der Infinitesimalrechnung und der Mechanik.

---

29 Brief an Robert Hooke, 5. 2. 1675/1676, zitiert nach: Richard Westfall, *Isaac Newton. Eine Biographie*, Heidelberg/Berlin/Oxford: Spektrum, Akademischer Verlag, 1996, S. 143.
30 Isaac Newton, *Mathematische Principien der Naturlehre*, Berlin: Robert Oppenheim, 1872, S. 509.

Die Ursache für das soeben skizzierte Spannungsfeld in unserem Glaubensleben liegt nicht darin, dass die Bibel schwammig und unscharf wäre.

»Das Gesetz des HERRN ist vollkommen und erquickt die Seele; das Zeugnis des HERRN ist zuverlässig und macht weise den Einfältigen« (Psalm 19,8). So bezeugt es die Bibel selbst.

So wie es in der Quantenphysik der Prozess des Messens ist, der für die Unbestimmtheit verantwortlich ist, so ist es auch in der geistlichen Realität die Begrenztheit von uns menschlichen »Rezeptoren«, die dazu führt, dass wir in manchen Fragen aufrichtig nach der Wahrheit suchen, aber dennoch zu unterschiedlichen Ergebnissen gelangen.

An dieser Stelle sei betont, dass es viele Bereiche gibt, in denen in der Bibel der Wille Gottes ganz klar und unmissverständlich formuliert ist. Hier gibt es also keine Entschuldigung dafür, wenn wir dem klar artikulierten Wunsch unseres Herrn nicht entsprechen. Die nachfolgende Liste erhebt keinen Anspruch auf Vollzähligkeit:

- **Gott will, dass wir Gutes tun.**
  »Denn so ist es der Wille Gottes, dass ihr dadurch, dass ihr Gutes tut, die Unwissenheit der unverständigen Menschen zum Schweigen bringt« (1. Petrus 2,15).
- **Gott will, dass wir ein heiliges Leben führen.**
  »Denn dies ist Gottes Wille: eure Heiligung« (1. Thessalonicher 4,3; RELB).
- **Gott will, dass wir bezüglich der Sexualität den Rahmen beachten, den Gott vorgesehen hat.**
  »Denn dies ist Gottes Wille: […] dass ihr euch der Hurerei enthaltet« (1. Thessalonicher 4,3).

- **Gott will, dass wir uns freuen, viel beten und dankbar sind.**
  »Freut euch allezeit; betet unablässig; danksagt in allem, denn dies ist der Wille Gottes in Christus Jesus für euch« (1. Thessalonicher 5,16-17).
- **Gott will, dass wir anderen Menschen von seiner Rettungstat erzählen.**
  »Denn dies ist gut und angenehm vor unserem Heiland-Gott, der will, dass alle Menschen errettet werden und zur Erkenntnis der Wahrheit kommen« (1. Timotheus 2,3-4).
  »Ihr … seid ein auserwähltes Geschlecht, eine königliche Priesterschaft, eine heilige Nation, ein Volk zum Besitztum, damit ihr die Tugenden dessen verkündigt, der euch berufen hat aus der Finsternis zu seinem wunderbaren Licht« (1. Petrus 2,9).
- **Gott will, dass wir ihn anbeten.**
  »… denn auch der Vater sucht solche als seine Anbeter« (Johannes 4,23).

Das oben erläuterte Naturgesetz der Unschärfe warnt uns des Weiteren davor, gewisse Lieblingseigenschaften Gottes besonders hervorzuheben. Die einseitige Betonung gewisser Eigenschaften Gottes bedingt wie in der Quantenphysik, dass die komplementären Eigenschaften »unschärfer« werden. Damit geht das ausgewogene Gottesbild verloren.

Gerade heutzutage wird in vielen Kreisen immer wieder einseitig vom liebenden, gnädigen Gott gesprochen. Wenn dabei nicht auch die komplementären Eigenschaften gepredigt werden, wird das Bild Gottes verzerrt. Er ist auch der heilige und richtende Gott, und wir tun gut daran, alle Eigenschaften Gottes auszuloten und zu berücksichtigen – wissend, dass wir nie auch nur eine Wesensart unseres gewaltigen Gottes genau werden erfassen können.

Wie schön, dass wir uns an der Hoffnung festklammern können, dass die Unschärfe dann verschwinden wird, wenn wir einmal bei Gott in der Herrlichkeit sein werden! Dann werden wir alle Wesensarten und alle Wege Gottes hundertprozentig verstehen.

Man könnte meinen, Paulus hätte die Unschärferelation schon gekannt, wenn er feststellt:

»Denn wir sehen jetzt mittels eines Spiegels, undeutlich, dann aber von Angesicht zu Angesicht. Jetzt erkenne ich stückweise, dann aber werde ich erkennen, wie auch ich erkannt worden bin« (1. Korinther 13,12).

6
Die Triebfeder unseres Lebens –
Die starke Kraft

Schon im 17. Jahrhundert fand Isaac Newton die Gesetzmäßigkeiten der Gravitation heraus, umgangssprachlich auch Schwerkraft genannt. Jeder Körper mit Masse zieht alle anderen Massen an. Je größer die Masse und je kleiner der Abstand zwischen zwei Körpern, desto größer die Gravitationskraft zwischen ihnen. Die Gravitationskraft lässt sich nicht abschirmen.

Es ist im Wesentlichen diese Kraft, aufgrund derer die Erde ihre geregelte Bahn um die Sonne beschreibt.

Fast 200 Jahre später – Mitte des 19. Jahrhunderts – fand man die zweite der vier heute bekannten Naturkräfte: die elektromagnetische Kraft. Jeder kennt sie vom Magneten: Gleiche Pole stoßen sich ab, ungleiche Pole ziehen sich an. Dasselbe gilt auch für elektrische Ladungen: Protonen und Elektronen (also positiv und negativ geladene Elementarteilchen) ziehen sich an, gleiche Ladungen stoßen sich ab. Kinder erleben diese Kraft, wenn sie einen Luftballon am Pullover reiben und danach über ihre Haare halten: Der elektrisch geladene Luftballon zieht die Ladungen in den Haaren an – die Haare stehen »zu Berge«. Der Physiker James Clerk Maxwell entwickelte die entsprechende Formel, mit der Phänomene der Elektrizität und des Magnetismus beschrieben werden können. Sie ist auch für die Optik von besonderer Bedeutung, da Licht eine elektromagnetische Welle ist.

Es ist die elektromagnetische Kraft, die erklärt, warum Atomkern und Atomhülle zusammenhalten. Sie wirkt zwischen dem positiv geladenen Kern und den Elektronen in der Atomhülle, ohne sie gäbe es keine Stabilität im Atom.

1934 entdeckte Enrico Fermi dann die dritte Fundamentalkraft – die schwache Wechselwirkung. Diese Kraft verursacht beispielsweise den radioaktiven Beta-Zerfall. Es ist die einzige Kraft, die auch die Umwandlung einer Teilchenart in eine andere bewirken kann, was man beim radioaktiven Zerfall ja auch beobachtet.

Die Frage stellt sich an dieser Stelle, welche Kraft für den Zusammenhalt des Atomkerns verantwortlich ist. Der Atomkern besteht aus Protonen und Neutronen.

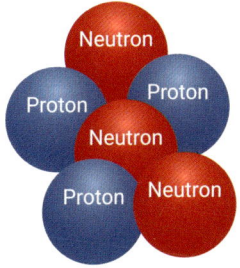

Abbildung 13

Die Protonen stoßen sich aufgrund der oben erläuterten elektromagnetischen Kraft ab, daran ändern auch die elektrisch neutralen Neutronen nichts. Der Kern müsste auseinanderfliegen. Die Gravitationskraft zwischen den Kernteilchen sorgt zwar für Anziehung, ist aber viel zu klein, um als Erklärung für den Kernzusammenhalt herhalten zu können. Die Masse von Protonen und Neutronen ist so gering, dass man die Schwerkraft zwischen ihnen als bedeutungslos vernachlässigen darf. Die schwache Wechselwirkung ist – wie der Name schon nahelegt – ebenfalls zu schwach, um den starken Zusammenhalt im Kern erklären zu können. Was hält den Kern zusammen?! Es muss noch eine vierte fundamentale Kraft geben. Diese Kraft muss zwischen Teilchen wie Protonen wirken, die sich eigentlich abstoßen. Und sie muss so stark sein, dass man nur unter Aufbringung großer Energien Kerne spalten kann.

Diese vierte Fundamentalkraft ist die starke Wechselwirkung, auch starke Kraft genannt.

Obwohl sie eher unbekannt ist, handelt es sich um die stärkste der vier Naturkräfte. Erst in den 1970er-Jahren wurde sie zutreffend mit Gleichungen beschrieben.

Auch im Leben eines jeden Christen wirkt eine alles überragende starke Kraft, die jedes menschliche Hindernis überwinden kann. An verschiedenen Stellen spricht die Bibel von der Kraft des Heiligen Geistes, der in uns wohnt.

»Der Gott der Hoffnung aber erfülle euch mit aller Freude und allem Frieden im Glauben, damit ihr überreich seid in der Hoffnung durch die Kraft des Heiligen Geistes« (Römer 15,13).

Paulus war bereit, auf alles Vergangene zu verzichten, um diese Kraft zu erleben:

»... ja wahrlich, ich achte auch alles für Verlust wegen der Vortrefflichkeit der Erkenntnis Christi Jesu, meines Herrn, um dessentwillen ich alles eingebüßt habe und es für Dreck achte, damit ich Christus gewinne und in ihm gefunden werde, indem ich nicht meine Gerechtigkeit habe, die aus dem Gesetz ist, sondern die, die durch den Glauben an Christus ist – die Gerechtigkeit aus Gott durch den Glauben; um ihn zu erkennen und die Kraft seiner Auferstehung ...« (Philipper 3,8-10).

Eine größere Kraft kann es nicht geben: Die Kraft, die Jesus vom Tod auferstehen ließ, wirkt jetzt durch den Heiligen Geist in unserem Leben. Sie befähigt uns, ein neues, gottgewirktes Leben zu führen, das sich durch Liebe, Freude, Friede, Langmut, Freundlichkeit, Gütigkeit, Treue, Sanftmut und Enthaltsamkeit (vgl. Galater 5,22-23) auszeichnet.

Es ist genau diese Kraft, die Märtyrer dazu befähigte, auf dem Scheiterhaufen noch Loblieder zu singen, Elisabeth Elliot es ermöglichte, es anderen Frauen gleichzutun und den Mördern ihres Mannes zu vergeben,[31] gläubige Pastoren wie Paul Schneider während des Nationalsozialismus in die Lage versetzte, ihrem Herrn selbst im KZ bis zum Tod treu zu bleiben,[32] und Missionare wie Charles T. Studd zu dem Entschluss bewegte, auf eine glänzende Karriere zu verzichten, um im Herzen Afrikas für Christus zu missionieren.[33]

Diese Vorbilder waren keine Übermenschen, sie haben sich einfach nur der göttlichen Kraft ausgesetzt und dann das erlebt, was im 2. Korintherbrief wie folgt beschrieben wird:

»Wir alle aber, indem wir mit unverhülltem Angesicht die Herrlichkeit des Herrn anschauen wie in einem Spiegel, werden verwandelt in dasselbe Bild von Herrlichkeit zu Herrlichkeit, nämlich vom Geist des Herrn« (2. Korinther 3,18; Schlachter 2000).

In der Physik ist es ganz klar: Wirkt eine Kraft auf einen Körper, wird dieser beschleunigt, wenn keine Gegenkraft die Wirkung der ersten Kraft neutralisiert.

---

31 A.d.H.: Elisabeth Elliot, *Die Mörder – meine Freunde. Meine Zeit bei den Aucas*, Bielefeld: CLV, 1. Auflage 1999; dieselbe, *Durchs Tor der Herrlichkeit*, Bielefeld: CLV, überarbeitete Auflage 2009.

32 A.d.H.: Margarete Schneider, *Paul Schneider. Der Prediger von Buchenwald*, neu herausgegeben von Elsa-Ulrike Ross und Paul Dieterich, Holzgerlingen: SCM Hänssler im SCM-Verlag GmbH & Co. KG, 3. Auflage 2010.

33 A.d.H.: Eileen Vincent, *Charles T. und Priscilla Studd. Vereint im Kampf für Jesus*, Bielefeld: CLV, 1. Auflage 1996; Janet und Geoff Benge, *Charles T. Studd. Der Draufgänger Gottes*, Bielefeld: CLV, 1. Auflage 2016.

Überträgt man dieses Prinzip auf unser geistliches Leben, gibt es nur zwei Erklärungen dafür, dass man bei uns oft kaum einen Unterschied zu den Menschen feststellt, die nicht mit Jesus leben:

Entweder wir setzen uns zu wenig der göttlichen Kraftquelle aus, oder wir dulden in unserem Leben Dinge, die der Wirkung der Kraft des Heiligen Geistes widerstreben. Oder positiv formuliert: Wenn wir die Gemeinschaft mit Gott suchen und bereit sind, alles abzulegen, was das Wirken der Kraft Gottes in unserem Leben hemmen könnte, wird man die Auswirkungen der starken Kraft mit Sicherheit bemerken.

Wie schön wäre es, wenn die Existenz der starken Kraft in unserem geistlichen Leben immer mehr zu sehen wäre!

7
Ein omnipräsenter Gott?! –
Verschränkung von Quantenobjekten

»Die Allgegenwart Gottes ist diejenige Eigenschaft, nach welcher Gott alles und jedes im Universum durchdringt und erfüllt, und zwar sowohl nach Wesen wie auch nach Wirken, ohne jedoch irgendwo, auch nicht durch das ganze Universum, eingeschlossen zu sein.«[34]

Zahlreiche Stellen der Bibel beschreiben Gott genau auf diese Weise. Er ist überall gleichzeitig, nicht nur beobachtend, sondern agierend, an die Hand nehmend und leitend.

»Oder kann sich jemand in Schlupfwinkeln verbergen, und ich sähe ihn nicht?, spricht der HERR. Erfülle ich nicht den Himmel und die Erde?, spricht der HERR« (Jeremia 23,24).

»Wohin sollte ich gehen vor deinem Geist und wohin fliehen vor deinem Angesicht? Führe ich auf zum Himmel: Du bist da; und bettete ich mir im Scheol: Siehe, du bist da. Nähme ich Flügel der Morgenröte, ließe ich mich nieder am äußersten Ende des Meeres, auch dort würde deine Hand mich leiten und deine Rechte mich fassen« (Psalm 139,7-10).

---

34 A. Hoenecke, *Ev.-Luth. Dogmatik*, siehe dazu folgende Website: https://www.evangelischer-glaube.de/a-hoenecke-lehrs%C3%A4tze/ (abgerufen am 3. 5. 2021).

Neueste Erkenntnisse der Quantenphysik zeigen überraschenderweise, dass es auch in der Natur zeitgleiche Informationsübertragung zwischen weit auseinanderliegenden Objekten geben kann.

Bis vor nicht allzu langer Zeit dachte man, eine Informationsübertragung mit Lichtgeschwindigkeit sei das Höchste, was zu erreichen sei. In Glasfaserkabeln etwa werden per Lichtimpuls Daten von Amerika nach Europa gesendet. Unser immer schneller werdendes Internet verdanken wir dieser Technologie. Doch mittlerweile träumt die Wissenschaft von noch viel besseren Möglichkeiten. Das Phänomen, um das es geht, ist die Verschränkung von Quantenobjekten.

Kahle Betonwände, spärliche Neonbeleuchtung, an der Seite ein langer, metallener Kabelschacht direkt neben den Rohren der Wiener Kanalisation. In dieser Umgebung gelang es österreichischen Physikern im Jahr 2004, Lichtteilchen von einem Donauufer zum anderen zu beamen – die erste Fernteleportation der Welt.

»Wir teleportieren nicht die Lichtteilchen selber, sondern deren Eigenschaften«, erklärt Physiker Thomas Jennewein. »Das resultierende Teilchen ist vom Original nicht zu unterscheiden.«[35]

Grundlage dieses spektakulären quantenmechanischen Effekts bilden zwei besondere Lichtteilchen. Erzeugt werden sie, indem die Forscher einen Laserstrahl in einen Spezialkristall schicken. An diesem Kristall wird der Strahl in zwei Photonen aufgespalten, die dann in entgegengesetzte Richtungen davonfliegen. Allerdings sind die zwei Photonen nicht unabhängig voneinander. Die Lichtzwillinge sind »verschränkt«, also auf rätselhafte Weise miteinander verknüpft. Egal, wie weit sie voneinander entfernt sind, weiß jedes Teilchen stets um

---

35 https://www.ksta.de/beamen-im-abwasserkanal-14370766 (abgerufen am 3.5.2021).
A.d.H.: Diese Quellenangabe bezieht sich auch auf die nachfolg genannten Details dieses Phänomens.

den Zustand des anderen. Vergleichen könnte man dies mit zwei Würfeln, die – gleichzeitig geworfen – stets dieselbe Augenzahl zeigen, und zwar egal, wie groß die Distanz zwischen ihnen ist.

Im oben beschriebenen Experiment lassen die Wiener Physiker einen der Photonenzwillinge nun mit einem weiteren, einem dritten Lichtquant zusammenstoßen. Dieses Photon wird »Passagier« genannt. Nun passiert das Unglaubliche: Die Veränderung, die das mit dem Passagier kollidierte Photon durch den Zusammenstoß erfahren hat (in diesem Fall seine Schwingungsrichtung), überträgt sich augenblicklich, ohne jeden Zeitverzug, auf den anderen, den entfernten Zwilling. Und das ungeachtet dessen, wie weit die beiden Photonenzwillinge voneinander entfernt sind.

Schon träumen die Spezialisten von ungeahnten Möglichkeiten, diese Phänomene nutzen zu können. So könnten etwa wichtige Code-Informationen unter Verwendung verschränkter Zustände versendet werden. Würde nun ein Spion den versendeten Code lesen, würde dies ja die Eigenschaft des einen verschränkten Objekts ändern – und damit zeitgleich auch die Eigenschaft des verschränkten Objekts beim Empfänger. Somit könnte der Empfänger sofort (zeitgleich, obwohl Tausende Kilometer entfernt!) aufdecken, wenn ein Spion am Versandort den Code gelesen hätte.

Die Entwicklung diesbezüglich geht rasend schnell: Physikern der renommierten Ludwig-Maximilians-Universität in München ist es im Jahr 2020 in Zusammenarbeit mit Forschern der Universität des Saarlandes gelungen, eine Verschränkung zwischen den Quanteneigenschaften eines Atoms und eines Photons über 20 km Glasfaser zu erzeugen – ein neuer Rekord.

Wer hätte sich so etwas vor 50 Jahren zu erträumen gewagt – zeitgleiche Übertragung von Eigenschaften an verschränkten Objekten wie Photonen, die sich an den entferntesten Stellen des Universums befinden könnten?

Und wer mag angesichts solcher Entdeckungen noch lachen über die in der Bibel dargelegte Tatsache, dass Gott überall präsent ist und alles in seiner Hand hat?

Einem Designer, der solch unglaubliche Dinge wie die Verschränkung von Quantenobjekten möglich macht, sollte man noch viel größere Dinge zutrauen!

8
Hat die Naturwissenschaft Gott überflüssig gemacht? Ansichten eines aktuellen Nobelpreisträgers

Anton Zeilinger,
Physik-Nobelpreisträger
des Jahres 2022.

Die meisten modernen Menschen sind der Ansicht, die neuesten Erkenntnisse der Naturwissenschaften hätten Gott weitestgehend überflüssig gemacht, oder ihm käme höchstens noch eine Lückenbüßerfunktion an den wenigen Stellen zu, an denen noch keine naturwissenschaftlichen Erklärungen gefunden worden seien. Eigentlich seien die großen Fragen rund um unsere Existenz durch die Erkenntnisse der Moderne geklärt – der Glaube wird als romantische Träumerei sentimentaler Nostalgiker belächelt.

Der österreichische Physiker und aktuelle Nobelpreisträger Anton Zeilinger ist da ganz anderer Ansicht. Versuche von Atheisten wie Richard Dawkins (Autor des Buches *Der Gotteswahn*), eine religiöse Weltsicht widerlegen oder gar lächerlich machen zu können, bezeichnet er als »naturwissenschaftlichen Unsinn«. Einige seiner Argumente sollen im Folgenden vorgestellt werden.

Es wäre sicherlich gewagt, Zeilinger als bibeltreuen Christen zu bezeichnen; dennoch stimmen seine Aussagen an vielen Stellen mit dem überein, was die Bibel lehrt.

Die Preisträger des Jahres 2022

Der Physik-Nobelpreis des Jahres 2022 ging an Alain Aspect, John F. Clauser und Anton Zeilinger. Geehrt wurden die drei Physiker für ihre Forschung zu verschränkten Quantenzuständen.

Aspect, Clauser und Zeilinger hätten bahnbrechende Experimente mit verschränkten Quantenzuständen durchgeführt, bei denen sich zwei Teilchen wie eine Einheit verhalten, auch wenn sie getrennt seien, hieß es in der Begründung des Nobelkomitees. Die Ergebnisse hätten außerdem den Weg geebnet für neue, auf Quanteninformation basierende Technologien.

Tatsächlich laufen bereits erfolgreiche Bemühungen, Quanten-computer zu bauen, eine abhörsichere, verschlüsselte Quanten-kommunikation zu etablieren und Quantennetze als Grundstein für ein Quanteninternet aufzubauen.

Anton Zeilinger von der Universität Wien wurde insbesondere mit seinen erstmals 1997 vorgestellten Experimenten zur Quanten-Teleportation bekannt: Dabei wird ein Zustand von einem ver-schränkten Teilchen auf ein entferntes übertragen.

Den Kompetenzbereich nicht überschreiten

Trotz der überragenden Möglichkeiten, die sich durch die neuen Entdeckungen ergeben, ist es Zeilinger sehr wichtig, dass die Naturwissenschaften niemals ihren Kompetenzbereich überschreiten. Und für ihn ist es klar, dass viele Fragen übrig bleiben, die die Naturwissenschaften nicht beantworten können. Er selbst glaubt an einen Gott, der »das ultimative Abstrakte« verkörpert, mit dem er aber auch persönlich kommunizieren kann. »Ich glaube sehr wohl, dass es einen persönlichen Gott gibt und dass der auch in unsere Welt eingreifen kann und eingreift«, äußerte Zeilinger in einem Interview.[36]

In einem Vortrag über das Verhältnis zwischen Naturwissenschaften und Religion nennt Zeilinger zahlreiche Fragen bzw. Bereiche, die prinzipiell einer wissenschaftlichen oder naturwissenschaftlichen Methodik nicht zugänglich sind.[37] Zeilinger ist sich sicher, dass es niemals möglich sein wird, diese Fragen naturwissenschaftlich zu beantworten. Gott ist demnach nicht der Lückenbüßer für noch nicht beantwortete Fragen, sondern die Antwort auf Fragen, die prinzipiell naturwissenschaftlich nicht zu beantworten sind. Fünf der von Zeilinger in dem Vortrag erwähnten Bereiche sollen im Folgenden anhand von entsprechenden Fragen kurz wiedergegeben werden.

---

36 In Bezug auf die beiden Zitate vgl. https://www.diepresse.com/1379827/zufall-ist-wo-gott-inkognito-agiert (abgerufen am 6.7.2023).
37 https://youtube.com/watch?v=Qs6KDOLwMYg (abgerufen am 6.7.2023).

Fünf Bereiche, die prinzipiell einer naturwissenschaftlichen Methodik nicht zugänglich sind

1) Woher kommen die Naturgesetze?

Warum ist es so, dass die Welt so wunderbar durch teilweise so einfache Gesetze zu beschreiben ist? Für Zeilinger ist es ein Wunder, dass das so unglaublich komplexe Universum mathematisch so einfach und präzise beschreibbar ist. Die Schrödingergleichung etwa beschreibt eine solche Vielfalt an hochkomplexen Phänomenen (Verhalten von Atomen, Halbleitern usw.), besteht aber nur aus fünf Symbolen.

Der Grabstein von Erwin Schrödinger mit der berühmten Schrödingergleichung.

2) Warum ist die Welt so gestaltet, dass sie nach den Grundprinzipien der Naturgesetze funktioniert?

Es gibt verschiedene Grundprinzipien, auf denen die Naturgesetze beruhen. Ein Beispiel hierfür ist die zeitliche Invarianz der Naturgesetze. Ein Stein, der jetzt gerade zu Boden fällt, wird sich durch dasselbe Gesetz beschreiben lassen wie ein Stein, der in fünf Minuten oder in 1000 Jahren fallen gelassen wird. Warum ist das so? Warum können wir berechtigt davon ausgehen, dass die von uns benutzten Naturgesetze sich mit der Zeit nie verändern werden? Keine Naturwissenschaft kann diese Frage beantworten.

3) Die Frage der Naturkonstanten

Warum behalten die Naturkonstanten ihren festen Wert? Keine Wissenschaft kann erklären, warum der Wert der Lichtgeschwindigkeit im Vakuum überall im Universum konstant bleibt, unabhängig von der Geschwindigkeit der Lichtquelle. Dies ist höchst erstaunlich, normalerweise ist es ganz anders. Ein Stein, der aus einem schnell fahrenden Auto geworfen wird, hat eine noch höhere Geschwindigkeit, da man zu seiner eigenen Geschwindigkeit die des Autos hinzuaddieren muss. Beim Licht ist es nicht so. Die Geschwindigkeit des Lichts bleibt gleich – egal, wie schnell sich die Lichtquelle bewegt. Und das überall im Universum. Die Konstanz zahlreicher Naturkonstanten ist ein naturwissenschaftlich nicht zu erklärendes Phänomen.

4) Das Zusammenspiel der Naturkonstanten

Die Werte der Naturkonstanten sind unglaublich präzise aufeinander abgestimmt. Würde man bei nur einer Naturkonstante den Wert auch nur minimal verändern, wäre ein Leben auf dieser Erde nicht mehr möglich. Woher kommt die für unsere Existenz notwendige Feinabstimmung zwischen den Naturkonstanten?

5) Der von den Naturwissenschaften zugegebene »Zufall«

Spätestens seit den Erkenntnissen der Quantenmechanik geht die Physik davon aus, dass es Phänomene gibt (beispielsweise den Zerfall radioaktiver Atome), die man nicht kausal erklären kann und bei denen man stattdessen nur eine Wahrscheinlichkeit für das Stattfinden berechnen kann. Der lange gehegte Wunsch, alles mit einer logischen Ursache erklären zu können, hat sich als unerfüllbar erwiesen. Ein radioaktives Atom wird irgendwann zerfallen. Wann es zerfallen wird, kann man nicht wissen. Warum es genau zu dem Zeitpunkt zerfällt, an dem es zerfällt, ist nicht erklärbar. Zeilinger betont an dieser Stelle, dass nicht nur wir Menschen dies nicht wissen, selbst die Natur wisse es nicht. Die Physik selbst gibt also offen zu, an zentraler Stelle nicht erklären, sondern nur prognostizierend Wahrscheinlichkeiten berechnen zu können.

Jeder Mensch muss eine persönliche Entscheidung treffen, wie er mit diesen naturwissenschaftlich unzugänglichen Sachverhalten umgeht. Zeilingers eigene Entscheidung ist der persönliche Glaube an einen sich persönlich offenbarenden Gott. Für ihn deckt sich die Stelle aus Johannes 1 (»Im Anfang war das Wort«) mit der naturwissenschaftlichen Erkenntnis der letzten Jahrzehnte, dass das Konzept der Information wichtiger als das der Materie ist.

Mich persönlich ermutigt es, dass die neueren Erkenntnisse der Physik ganz eindeutig die Bereiche erweitert haben, in denen die Wissenschaften keine Antworten geben können, wir als Christen aber im Glauben Gott als Grund und Ursache annehmen.

»Durch Glauben verstehen wir, dass die Welten durch Gottes Wort bereitet worden sind, sodass das, was man sieht, nicht aus Erscheinendem geworden ist« (Hebräer 11,3).

Dass der Gott, dessen Selbstzeugnis wir in Jesaja 45,7 finden (»Der ich das Licht bilde und die Finsternis schaffe [...] – ich, der HERR, bin es, der dies alles wirkt«), eine persönliche Beziehung mit mir eingehen und mein Vater sein will, erfüllt mich mit Freude, Dankbarkeit und Anbetung.

9
Alles auf einen Blick

Physikalisches Phänomen	Geistliche Parallele
Die kleinsten Teilchen nehmen nur diskrete Werte ein, Zwischenzustände sind nicht möglich.	In Bezug auf Jesus gibt es keine Grauzone, entweder man ist sein Nachfolger oder sein Feind.
Die Geschwindigkeit des Lichts im Vakuum ist unabhängig vom Bezugssystem immer gleich. Diese Konstanz überall im Universum charakterisiert alle Naturkonstanten. Es ist nicht alles relativ!	Jesus beansprucht, die absolute Wahrheit zu sein.
Elektronen und andere kleinste Teilchen besitzen eine Doppelnatur: Sie sind Welle und Teilchen zugleich. Diese Wesenseigenschaften schließen sich für unseren Verstand eigentlich gegenseitig aus.	Es gibt in der Bibel zahlreiche Spannungsfelder, die unser Verstand nicht aufzulösen vermag.
Die Unschärferelation charakterisiert jeden Messvorgang: Die Genauigkeit der einen Größe bedingt notwendigerweise die Ungenauigkeit der Komplementärgröße.	Manches Geheimnis in der Bibel lässt sich trotz aller Anstrengung nicht entschlüsseln. Dies liegt an der Begrenztheit von uns Menschen.
Die kleinsten Teilchen im Atomkern werden durch eine starke Kraft zusammengehalten. Diese Kraft ist stärker als alle anderen wirkenden Kräfte.	Im Leben jedes Christen wirkt eine starke Kraft, die alles neu werden lassen kann.
Bei Quantenteilchen ist eine Verschränkung möglich. Diese Verschränkung bewirkt, dass alle Änderungen einer Eigenschaft an dem einem Teilchen eine zeitgleiche Änderung dieser Eigenschaft am Partnerteilchen zur Folge haben – egal, wie weit die Teilchen voneinander entfernt sind.	Gott ist omnipräsent (d. h. allgegenwärtig).

Epilog

Auch in der Bibel wird von einem »Physiker« berichtet. Daniel erlebte als junger Mann die Verschleppung der Judäer nach Babylon. Da er jedoch außergewöhnliche intellektuelle Begabungen besaß, wurde er mit anderen jungen Männern ausgewählt, um in den babylonischen Wissenschaften ausgebildet zu werden. Daniel beendete diese Ausbildung mit Bravour und wurde ein wichtiger Berater mehrerer babylonischer Könige und eines persischen Königs.[38] Gott hatte Daniel »Kenntnis und Einsicht in aller Schrift und Weisheit«[39] gegeben. Er wurde Vorsitzender des größten Wissenschaftsgremiums des riesigen Weltreichs. Die Mutter des Königs Belsazar erinnert diesen an die außergewöhnliche Stellung, die Daniel unter Nebukadnezar, dem Großvater Belsazars, innegehabt hatte:

»Und in den Tagen deines Vaters wurden Erleuchtung und Verstand und Weisheit wie die Weisheit der Götter bei ihm gefunden; und der König Nebukadnezar, dein Vater, hat ihn zum Obersten der […] Sterndeuter […] erhoben« (Daniel 5,11).

Wir wissen heute, dass die Babylonier damals bereits systematisch genaue Beobachtungen der bekannten Planeten durchführten und ihre Positionen relativ zu den Fixsternen algebraisch erfassten.

Daniel wird also einiges von Physik verstanden haben.

---

38 A.d.H.: Daniel 6,1 erwähnt Darius, den Meder, der sich mit einer recht kurzen (höchstwahrscheinlich einjährigen) Regentschaft zwischen die Abfolge der babylonischen Könige und die Regierungszeit des Persers Kyrus schob, von dem er für den babylonischen Teil des Reiches zum König eingesetzt worden war.

39 A.d.H.: Vgl. Daniel 1,17.

Es ist beeindruckend zu studieren, wie bewusst sich Daniel seiner Beschränktheit und der unergründlichen Größe Gottes war.

Als Gott ihm einen Traum des Nebukadnezar offenbart, bekennt Daniel ehrlich:

»Mir aber ist nicht durch Weisheit, die in mir mehr als in allen Lebenden wäre, dieses Geheimnis offenbart worden« (Daniel 2,30).

Im gleichen Zusammenhang betont er die Allwissenheit Gottes: »Aber es ist ein Gott im Himmel, der Geheimnisse offenbart« (V. 28).

Es gibt wohl kaum eine bessere Art, dieses Buch zusammenzufassen, als den folgenden Ausruf Daniels zu zitieren:

»Gepriesen sei der Name Gottes von Ewigkeit zu Ewigkeit! Denn Weisheit und Macht, sie sind sein. Und er ändert Zeiten und Zeitpunkte, setzt Könige ab und setzt Könige ein; er gibt den Weisen Weisheit, und Verstand den Verständigen; er offenbart das Tiefe und das Verborgene; er weiß, was in der Finsternis ist, und bei ihm wohnt das Licht« (Daniel 2,20-22).

Abkürzungen

A. d. A.   Anmerkung des Autors

A. d. H.   Anmerkung des Herausgebers

Luther 1984   *Die Bibel nach der Übersetzung Martin Luthers*, Stuttgart: Deutsche Bibelgesellschaft (Bibeltext in der revidierten Fassung von 1984).

µs   Mikrosekunde(n)

ns   Nanosekunde(n)

RELB   *Elberfelder Übersetzung, revidierte Fassung*, Wuppertal: R. Brockhaus Verlag.

Schlachter 2000   *Die Bibel*, übersetzt von F. E. Schlachter (Version 2000), Genf.

WA   Weimarer Ausgabe (der Werke Martin Luthers)

Werner Gitt

Information – Der Schlüssel zum Leben

Werner Gitt in Zusammenarbeit mit Bob Compton
und Jorge Fernandez

**Naturgesetze und die Herkunft des Lebens /
Schlussfolgerungen, die die Existenz Gottes beweisen
und Materialismus und Evolution widerlegen**

512 Seiten, Paperback
ISBN 978-3-86699-347-1

Gegen die Lehraussagen von Atheismus, Materialismus, Evolution und Urknall sind schon viele plausible Einwände erhoben worden. Dieses Buch geht einen neuen Weg, indem die vier Pfeiler einer atheistischen Weltanschauung mithilfe von Naturgesetzen widerlegt werden.

Niemand hat je beobachtet, dass Wasser bergauf fließt. Warum gibt es davon keine Ausnahme? Nun, es gibt ein Naturgesetz, das diesen Vorgang generell verbietet. Naturgesetze haben die stärkste wissenschaftliche Aussagekraft. Wenn es also gelingt, Naturgesetze zu finden, die den anfangs genannten Ideen widersprechen, dann haben wir diese mit der gleichen Wirksamkeit zu Fall gebracht, wie Naturgesetze ein Perpetuum mobile – also eine Maschine, die ständig ohne Energiezufuhr läuft – für unmöglich erklären. Genau das ist das Anliegen dieses Buches.

Die Merkmale in allen Lebewesen sind informationsbasiert, und die Lebensabläufe sind informationsgesteuert. Wollen wir etwas aussagen über die Herkunft des Lebens oder das Wesen des Lebendigen, dann müssen wir zuerst klären, was Information ist. Bedeutsam ist dabei, wie sie entsteht und welche Gesetzmäßigkeiten für sie gelten. Abweichend von der weithin üblichen materialistischen Betrachtungsweise dieser Welt unterscheidet der Autor zwischen materiellen und nicht-materiellen Größen …

Weiterlesen auf www.clv.de

Jason Lisle

Eine Frage der Logik

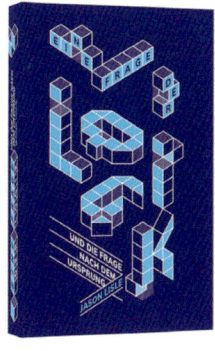

… und die Frage nach dem Ursprung

416 Seiten, Paperback

ISBN 978-3-86699-783-7

Seit Charles Darwin wird die Frage nach dem Ursprung kontrovers diskutiert. Ist unsere Welt Jahrmillionen alt – oder nur Jahrtausende? Hat sich das Leben entwickelt – oder wurde es erschaffen? Ist blinder Zufall die treibende Kraft – oder gibt es einen genialen Designer? Wer hat recht: überzeugte Atheisten oder bibeltreue Christen? Kann die Debatte überhaupt entschieden werden?

Dieses Buch zeigt, welche zentrale Rolle die Logik in dieser Diskussion spielt. Denn nur die christliche Weltsicht bietet tatsächlich eine Basis für rationales, logisches Denken und kann wissenschaftliches Arbeiten begründen. Wer das verstanden hat, wird imstande sein, seinen Glauben an die Bibel fundiert zu verteidigen. Einfach erklärt und doch tief gehend wird dem Leser eine ganz neue Dimension der Schöpfungsdebatte präsentiert.

Mit vielen anschaulichen Grafiken, einer Einführung in die Grundlagen der Logik und beispielhaften Argumentationsgesprächen ist dieses Buch eine wertvolle Hilfe für alle, die sich mit der Frage nach dem Ursprung beschäftigen und ihren Glauben verteidigen wollen.